Manfred Ferner

CITY|TRIP
ISTANBUL

W0059494

① HAGIA SOPHIA [K12]
Berühmtestes Wahrzeichen Istanbuls und herausragendes Symbol des byzantinischen Kaiserreichs. Die majestätische Zentralkuppel der fast 1500 Jahre alten Kirche war das Vorbild der osmanischen Baumeister (s. S. 58).

② SULTAN-AHMET-MOSCHEE [K13]
Der osmanische Kontrapunkt zur gegenüber stehenden Hagia Sophia: Sechs Minaretts und eine gewaltige Kuppel machen die Moschee zum bekanntesten islamischen Sinnbild der Stadt (s. S. 63).

③ KANONENTOR-PALAST [L11]
Auf der alten Akropolis des antiken Byzanz errichteten die Sultane jenen Palast, dessen Pracht noch heute vom ehemaligen Großmachtstatus der Osmanen kündet. Vor allem die geheimnisvollen Harems-Räume ziehen die Besucher magisch an (s. S. 64).

⑪ GROSSER BAZAR [I12]
Ein glitzerndes Shoppingparadies mit über 4000 Geschäften, alten Arkaden und verwinkelten Innenhöfen alter Karawansereien: Der Bazar ist nicht nur für Kauflustige ein Muss (s. S. 75).

㉙ CHORA-KIRCHE [D7]
Das weltweit berühmte Juwel spätbyzantinischer Mosaik- und Freskenkunst ist eine der herausragenden Sehenswürdigkeiten der Stadt und ein einmaliger Spiegel östlicher Frührenaissance (s. S. 92).

⑬ SULEYMANIYE-MOSCHEE [H11]
Die schönste Moschee der Stadt ist ein Werk des größten Baumeisters der Osmanen, Mimar Koca Sinan. Die prachtvolle Zentralkuppelmoschee ist der Inbegriff räumlicher Harmonie und ein Höhepunkt der osmanischen Architektur (s. S. 78).

⑱ BEYOĞLU – ISTIKLAL CADDESI [K7]
Allabendliche Flaniermeile und Nightlife-Zentrum der Stadt: Die Istiklal ist das Herz des „westlichen" Istanbul. Unüberschaubar ist die Menge der Pubs und Bars, in denen sich nicht nur am Wochenende halb Istanbul zu vergnügen scheint (s. S. 83).

SCHIFFSFAHRT AUF DEM BOSPORUS
Ein Tagesausflug durch die an Mythen reiche Meerenge zwischen Europa und Asien führt an osmanischen Burgen, alten Holzvillen und mondänen Buchten vorbei. Dabei passiert man auch die beiden berühmten transkontinentalen Hängebrücken, die buchstäblich Asien mit Europa verbinden (s. S. 100).

Leichte Orientierung mit dem cleveren Nummernsystem
Die Sehenswürdigkeiten der Stadt sind zum schnellen Auffinden mit **fortlaufenden Nummern** versehen. Diese verweisen auf die ausführliche Beschreibung **im Kapitel „Istanbul entdecken"** und zeigen auch die genaue Lage **im Stadtplan.**

■ IMPRESSUM

Manfred Ferner
CityTrip Istanbul

erschienen im
REISE KNOW-HOW Verlag Peter Rump GmbH,
Osnabrücker Str. 79, 33649 Bielefeld

© Peter Rump
1. Auflage 2011
Alle Rechte vorbehalten.

ISBN 978-3-8317-1918-1
PRINTED IN GERMANY

Herausgeber und Gestaltungskonzept:
Klaus Werner
Lektorat: amundo media GmbH
Layout: Günter Pawlak (Umschlag),
Anna Medvedev (Inhalt)
Fotos: M. Ferner (Autor)/J. Kim (fk),
Fotolia.com © MAXFX (Umschlag)
Karten: Ingenieurbüro B. Spachmüller,
amundo media GmbH, der Verlag
Druck und Bindung:
Himmer AG, Augsburg

Dieses Buch ist erhältlich in jeder Buch-
handlung Deutschlands, der Schweiz,
Österreichs, Belgiens und der Niederlande.
Bitte informieren Sie Ihren Buchhändler
über folgende Bezugsadressen:
Deutschland: Prolit GmbH, Postfach 9,
D-35461 Fernwald (Annerod)
sowie alle Barsortimente
Schweiz: AVA Verlagsauslieferung AG,
Postfach 27, CH-8910 Affoltern
Österreich: Mohr Morawa Buchvertrieb
GmbH, Sulzengasse 2, A-1230 Wien
Niederlande, Belgien: Willems
Adventure, www.willemsadventure.nl

Wer im Buchhandel trotzdem kein Glück
hat, bekommt unsere Bücher auch über
unseren Büchershop im Internet:
www.reise-know-how.de

Wir freuen uns über Kritik, Kommentare
und Verbesserungsvorschläge:
info@reise-know-how.de

www.reise-know-how.de

› Ergänzungen nach Redaktionsschluss
› kostenlose Zusatzinfos und Downloads
› das komplette Verlagsprogramm
› aktuelle Erscheinungstermine
› Newsletter abonnieren
Verlagsshop mit Sonderangeboten

CITY|TRIP

001ib Abb.: fk

INHALT

EXKURSE ZWISCHENDURCH

BENUTZUNGSHINWEISE

CITY-FALTPLAN

Die im Buch beschriebenen Örtlichkeiten wie Sehenswürdigkeiten, Restaurants, Hotels, Cafés usw. sind mit Symbol und Nummer im Kartenmaterial eingetragen.

ABKÜRZUNGEN UND WICHTIGE VOKABELN

Insbesondere bei Adressangaben werden folgende **Abkürzungen** benutzt:
> Cad. = *Caddesi* (Straße)
> Sok. = *Sokak* (Gasse, Weg)

Bei der Benennung der **Sehenswürdig-keiten** wurde in der Überschrift stets die **deutsche Bezeichung an die erste Stelle** gesetzt. Trotzdem ist es hilfreich, folgende türkische Bezeichnungen zu kennen:

Cami	Moschee
Çarşı	Bazar
Kilise	Kirche
Köprü	Brücke
Köşk	Pavillon
Kule	Turm
Meydan	Platz
Müze	Museum
Saray	Palast

Weitere häufig vorkommende Begriffe werden im **Glossar** erklärt (s. S. 132).

ORIENTIERUNGSSYSTEM

Zur schnelleren Orientierung tragen alle Hauptsehenswürdigkeiten und Lokalitä-ten die gleiche Nummer sowohl im Text als auch im Kartenmaterial:

⓫ Die Hauptsehenswürdigkeiten werden im Abschnitt „Istanbul entdecken" beschrieben und mit einer fortlaufenden magentafarbenen Nummer gekenn-zeichnet, die auch im Kartenmaterial eingetragen ist.

Stehen die Nummern im Fließtext, verweisen sie auf die jeweilige Beschrei-bung der Sehenswürdigkeit im Kapitel „Istanbul entdecken".

🄲41 Mit Symbol und fortlaufender Nummer werden die sonstigen Lokali-täten wie Cafés, Geschäfte, Hotels, Infostellen usw. gekennzeichnet.

[I12] Die Angabe in eckigen Klammern verweist auf das Planquadrat im Karten-material, in diesem Beispiel auf das Planquadrat I12.

Ortsmarken mit fortlaufender Nummer, aber ohne Angabe des Planquadrats liegen außerhalb des im Buch abgebildeten Kartenmaterials. Sie können aber wie alle im Buch beschriebenen Örtlichkeiten leicht in unseren speziell aufbereiteten Internet-Karten lokalisiert werden (siehe hintere Umschlagklappe).

BEWERTUNG DER SEHENSWÜRDIGKEITEN

★★★ auf keinen Fall verpassen
★★ besonders sehenswert
★ wichtige Sehenswürdigkeit für speziell interessierte Besucher

DER AUTOR

Manfred Ferner, Jahrgang 1955, studierte Anglistik und Philosophie an der Universität Düsseldorf. Seine ausgedehnten Reisen führten ihn unter anderem durch viele islamische Länder zwischen Marokko und Bangladesch. Die Türkei bereiste er mehrfach, sodass er neben seiner Tätigkeit als Sprachlehrer für deutsche Firmen auch einen kulturellen Leitfaden für in der Türkei arbeitende Expatriates verfasste. Im Jahr 1995 begann er, für verschiedene deutsche Verlage Reisebücher zu schreiben, darunter auch mehrere Reiseführer über die Türkei. Bei REISE KNOW-HOW sind sein „KulturSchock Türkei" sowie der „CityGuide Istanbul" erschienen. Heute ist Manfred Ferner als freier Reisejournalist und interkultureller Berater bzw. Dozent tätig.

SCHREIBEN SIE UNS

Dieser CityTrip-Band ist gespickt mit Adressen, Preisen, Tipps und Infos. Nur vor Ort kann überprüft werden, was noch stimmt, was sich verändert hat, ob Preise gestiegen oder gefallen sind, ob ein Hotel, ein Restaurant immer noch empfehlenswert ist oder nicht mehr usw. Unsere Autoren sind zwar stetig unterwegs und erstellen alle zwei Jahre eine komplette Aktualisierung, aber auf die Mithilfe von Reisenden können sie nicht verzichten.

Darum: Schreiben Sie uns, was sich geändert hat, was besser sein könnte, was gestrichen bzw. ergänzt werden soll. Wenn sich die Infos direkt auf das Buch beziehen, würde die Seitenangabe uns die Arbeit sehr erleichtern. Gut verwertbare Informationen belohnt der Verlag mit einem Sprechführer Ihrer Wahl aus der über 220 Bände umfassenden Reihe „Kauderwelsch".

Bitte schreiben Sie an:
REISE KNOW-HOW Verlag Peter Rump GmbH, Postfach 140666, D-33626 Bielefeld, oder per E-Mail an: info@reise-know-how.de

Danke!

Latest News

Unter **www.reise-know-how.de** werden regelmäßig aktuelle Ergänzungen und Änderungen der Autoren und Leser zum vorliegenden Buch bereitgestellt. Sie sind auf der Produktseite dieses CityTrip-Titels abrufbar.

AUF INS VERGNÜGEN

Byzanz, Konstantinopel, Istanbul – keine andere Metropole der Welt kann drei derartig geschichtsträchtige Namen auf sich vereinen. Und keine andere Stadt der Welt kann von sich behaupten, auf zwei Kontinenten zu stehen: Europa und Asien. Byzantinische Kathedralen und Klosterkirchen wie

auch die prachtvollen Moscheen eines islamischen Weltreichs, Sultanspaläste und kühne Brückenkonstruktionen stehen vor- und gegeneinander, machen die Stadt zu einem Freilichtmuseum der Begegnung zwischen Ost und West, Islam und Christentum, Vergangenheit und Moderne.

ISTANBUL AN EINEM WOCHENENDE

Wer für eine der schönsten Städte der Welt einen verlängerten Wochenendtrip von drei Tagen plant, hat angesichts der vielfältigen Höhepunkte die Qual der Wahl. Die folgenden Empfehlungen sind so ausgewählt, dass alle drei Aspekte der Stadt – Historie, Stadtbild und auch Atmosphäre – berücksichtigt werden, sodass man nach seinem ersten Istanbul-Trip mit einem halbwegs „runden" und positiven Bild hoffentlich Lust auf ein Wiederkommen verspürt ...

1. TAG: DAS IMPERIALE ZENTRUM

Vormittags

Der erste Anlaufpunkt ist natürlich das fast 1500 Jahre alte christliche Symbol der alten Kaiserstadt, die **Hagia Sophia ❶**. Den Besuch ihres islamischen Kontrapunkts, der **Sultan-Ahmet-Moschee ❷**, sollte man mit

einem Spaziergang über das alte **Hippodrom ❻** verbinden, wo man neben dem Ägyptischen Obelisken auch den Deutschen Brunnen bewundern kann. Zudem empfiehlt sich die Besichtigung der unmittelbar neben der Hagia Sophia gelegenen **Yerebatan Sarnıçı ❺** (unterirdische byzantinische Zisterne).

Mittags/Nachmittags

Nach einer Mittagspause in den Restaurants oder Cafés des nahe gelegenen **Divan Yolu ❿** steht der mindestens 3 Stunden in Anspruch nehmende Besuch des **Kanonentor-**

▼ *Blick auf Istanbuls Altstadt mit Topkapı-Palast ❸ (links) und Hagia Sophia ❶ (rechts)*

008ib Abb.: fk

Palastes ❸ mit seinen Schatzkammern, prachtvollen Kiosken und dem Harem an. Wer nach dem anstrengenden Rundgang Erholung sucht, kann im westlich des Palastes gelegenen **Gülhane-Park** die Teegärten besuchen, die einen ersten schönen Blick auf den Bosporus und die asiatische Stadtseite ermöglichen.

Abends

Nimmermüde werden bereits am ersten Tag das berühmte **Nightlife von Beyoğlu** ⓲ erkunden wollen. Das Labyrinth an Restaurants, Cafés und Musikhallen zieht regelmäßig Heerscharen an Vergnügungssüchtigen an und am Wochenende kann es so voll werden, dass sich durch einige beliebte Gassen die Menschen im Zentimetertempo schieben. Wem das für den ersten Abend zu viel ist, dem sei der Besuch einer **Folklore-** bzw. **Bauchtanzshow** (s. S. 35) empfohlen: Alle einschlägigen Anbieter sorgen in gepflegter Atmosphäre für das leibliche und kulturelle Wohl ihrer Gäste.

▼ *Istanbul ist ein klassisches Ziel für Kreuzfahrtschiffe*

2. TAG: VOM GOLDENEN HORN NACH ASIEN

Vormittags

In den Höfen und Arkadengängen des **Großen Bazars** ⓫ kann man beim Stöbern oder gar Feilschen leicht mehrere Stunden verbringen. Nicht verpassen sollte man aber den Besuch der **Süleymaniye** ⓭, ein Meisterwerk des Architekten Sinan und sicherlich eine der schönsten historischen Moscheen der Welt. Weit kleiner, aber ob ihrer prachtvollen Fayencen berühmt ist die nahe dem Goldenen Horn gelegene **Rüstem-Paşa-Moschee** ⓮, die etwas versteckt im lebhaften Marktviertel von Tahtakale liegt, nur wenige Schritte entfernt vom zweiten berühmten Bazar der Stadt, dem farbenfrohen Gewürzmarkt des **Ägyptischen Bazars** ⓯.

Mittags/Nachmittags

Nach einer Pause in den Fischrestaurants der Galata-Brücke (s. S. 24) – ein perfekter Ort, um den rastlosen Schiffsverkehr zwischen den Kontinenten zu beobachten – kann man von den benachbarten Fähranlegern in **Eminönü** ⓰ die Reise ins asiatische **Kadıköy** ㉞ antreten, wo ein Bummel durch die Marktstraßen oder aber entlang der Meerespromenade lohnt. Ganz wichtig aber ist die

Rückkehr mit dem Schiff zur Zeit der Abenddämmerung, denn dann bietet das von Minaretts und Kuppeln bestimmte Relief der näher kommenden Altstadt ihre berühmte und oft beschriebene **Abendsilhouette.**

Abends

Wagemutige werden vor ihrem Abendessen noch den erholsamen Besuch eines **Hamam,** also eines türkischen Dampfbads, begrüßen. Wer danach das abendliche Lichtermeer der Metropole mit Folklore und einem Abendessen verbinden will, kann dies auf dem **Galata-Turm ⑰** in Karaköy tun. Billiger, aber kaum weniger romantisch sind die stets gut gefüllten Straßenlokale und Restaurants des unweit gelegenen **Tünel-Viertels,** das sich in den letzten Jahren zu einem regelrechten Szenetreff entwickelt hat.

009ib Abb.: rk

3. TAG: BOSPORUS-AUSFLUG ODER KULTUR?

Vormittags

Die Wahl fällt nicht leicht: Wer sich für die **Bosporus-Fahrt** (s. S. 100) mit dem regulären Linienschiff entscheidet, wird bis zum späten Nachmittag unterwegs sein. Wer aber stattdessen lieber noch die verbleibende Zeit in Kulturschätze investieren möchte, kann vormittags die sehenswerte **Chora-Kirche ㉙** mit ihren herrlichen spätbyzantinischen Fresken und Mosaiken erkunden, um danach noch der nahe gelegenen imposanten **Theodosianischen Stadtmauer ㉚** einen Besuch abzustatten.

Mittags/Nachmittags

Von dort ist es nicht mehr weit zum außerhalb der Stadtmauer gelegenen **Wallfahrtsort Eyüp ㉑,** wo man zum berühmten Pierre Loti Café (s. S. 32) mit seiner herrlichen Aussicht über das Goldene Horn hinaufsteigen kann. Alternativ bietet sich der Besuch des imposanten **Dolmabahçe-Palastes ㉒** an: Der zweite große Sultanspalast erstaunt Besucher durch seine eklektische Mischung aus französischem wie orientalischem Luxus.

Abends

Wer die letzte Nacht nicht in der Hektik Beyoğlus verbringen möchte, kann im schmucken und noblen Vorort **Ortaköy ㉟** in einem der bekannten Fischrestaurants idyllisch den Abend am Bosporus genießen.

◄ *Ein Wahrzeichen Istanbuls: der Galata-Turm ⑰ in Karaköy*

► *Lichtersouvenirs im Großen Bazar ⑪*

DAS GIBT ES NUR IN ISTANBUL

Eine Stadt auf zwei Kontinenten – das versteht sich nicht nur geografisch, sondern auch kulturell, und der Besonderheiten sind so viele, dass die hiesige Aufzählung seitenweise fortgesetzt werden könnte. Wie sagte es doch treffend ein betagter Istanbuler Geschäftsmann bei einem Glas Tee: „Ich lebe schon seit 60 Jahren in dieser Stadt – und jeden Tag entdecke ich etwas völlig Neues ..."

❯ Die beiden **interkontinentalen Bosporus-Brücken,** die Asien und Europa verbinden, stellen jeweils etwa 1500 m lange elegante Hängebrücken dar, deren Pylone bis zu 165 m hoch aufragen. Die Fahrbahn ist mit ca. 65 m so hoch gelegt worden, dass selbst große Containerschiffe bequem passieren können, während über ihnen auf beiden Brücken zusammen ca. 350.000 Autos jeden Tag den Kontinent wechseln.

❯ So sehr die Brücken verbinden, trennen manchmal die Stadtteile: **Kulturelle Parallelwelten** sind oft nur wenige Hundert Meter voneinander entfernt. Die ganz der westlichen Lebensart verschriebenen Bewohner des von modernen Trendshops, Cafés und Bars geprägten Beyoğlu ⓲ haben wenig gemein mit den eher anatolisch-dörflichen Gemeinden von Fatih oder

Fener ㉓, in denen der „Çarşaf" (schwarzer Ganzkörperumhang der Frauen) immer noch die Regel ist.

❯ Der **Sultansharem des Kanonentor-Palasts** ❸ ist mit 6700 m² und einem Labyrinth von über 300 Zimmern für westliche Besucher eine der größten historischen Projektionsflächen orientalischer Sinnenfreude – in diesem Mikrokosmos lebten in hermetischer Isolation phasenweise über 1000 Frauen.

❯ Der **Große Bazar** ⓫ ist mit seinen prächtigen Arkadengassen und verwinkelten Hanen, in denen über 400 Geschäfte auf über 30.000 m² auf Kunden warten, eines der farbigsten historischen Shoppinglabyrinthe der Welt.

❯ Die in den letzten Jahren restaurierte **Theodosianische Landmauer** ㉚ ist mit rund 6 km Länge eine der größten erhaltenen antiken Verteidigungsanlagen Europas und garantierte dem oströmisch-byzantinischen Konstantinopel eine Herrschaft von über 1000 Jahren.

❯ Millionenmetropole und dörflicher Charme: Die **Prinzeninseln** ⓴ im Marmarameer stellen mit ihren autofreien und nur von Pferdedroschken befahrbaren Wegen eine kontrastreiche Idylle zur hektischen Großstadt dar.

ZUR RICHTIGEN ZEIT AM RICHTIGEN ORT

Nach einigen dürreren Jahrzehnten im 20. Jh. stellt Istanbul heute längst wieder ein namhaftes Zentrum der Konzert- und Festivalwelt dar. Das große Plus der Stadt ist ihr meist junges, dynamisches Publikum, das alles mitmacht und würdigt und offen für alles Neue ist. Die Stadt vibriert und der Enthusiasmus ist echt und nicht aufgesetzt.

Zu einem großen Teil werden die Veranstaltungen durch die **Istanbuler Kunst- und Kulturstiftung** (Istanbul Kültür ve Sanat Vakfı) promoviert und organisiert. Auf ihrer Website kann man sich über Einzelheiten des Programms erkundigen:
❯ **www.istfest.org** (auch englisch)

Im Folgenden soll ein kurzer Überblick über die wichtigsten regelmäßigen Festivals und Events der Stadt gegeben werden. **Tickets** zu den einzelnen Veranstaltungen bekommt man am besten entweder am Schalter des Atatürk Kültür Merkezi (s. S. 37) direkt am Taksim-Platz oder über die Website von **biletix**:
❯ www.biletix.com, auch telefonisch (englisch) 8.30–21 Uhr, Sa/So 10–21 Uhr, Tel. 0216 5569800. Außerdem unterhält biletix Verkaufsstände an mehreren Punkten der Stadt, u. a. Istanbul Kitabçisi, Istiklal Cad. 191.

FRÜHLING

❯ **Internationales Istanbuler Filmfestival** (April): Eines der berühmtesten Festivals der Stadt dauert ca. zwei Wochen und präsentiert über 100 Filme in verschiedenen Kinos (Tel. 0212 3340723, http://film.iksv.org/en).
❯ **Internationales Theaterfestival:** Die bis Juni dauernde Hommage an die

„Bretter, die die Welt bedeuten", findet im Wechsel mit der Kunstbiennale (s. u.) nur in geraden Jahren statt (Tel. 0212 3340740, www.iksv.org). Hauptveranstaltungsorte sind das Atatürk Kültür Merkezi (s. S. 37) am Taksim-Platz und das Kenter Theater (Halaskargazi Cad. 35, Harbiye).
❯ **Internationales Festival des Puppentheaters** (Mai): Eine gute Gelegenheit auch für Kinder, das alte, heute fast vergessene türkische Schattenspiel der Spaßvögel Karagöz und Hacıvat zu erleben (in der zweiten Maiwoche und meist im Kenter Theater, Tel. 0212 2320224).

SOMMER

❯ **Internationales Istanbuler Musikfestival** (Juni): Für mehrere Wochen – bis in den Juli hinein – werden meist klassische Musikveranstaltungen und Ballettaufführungen an verschiedenen (auch historischen) Plätzen präsentiert. Die seit 1973 organisierte Veranstaltung stellt das renommierteste unter den Istanbuler Festivals dar (Tel. 0212 3340736, www.iksv.org/muzik).
❯ **Istanbuler Jazzfestival** (Juli): Zweiwöchige Performance internationaler Stars, die allerdings nicht immer etwas mit Jazz zu tun haben, unter anderem im Freilichttheater oberhalb des Maçka-Parks nahe dem Hilton-Hotel (Tel. 0212 3340772, www.iksv.org/caz).

▶ *Jahrmarktatmosphäre auf dem At Meydanı (Hippodrom)* ❻ *im Fastenmonat Ramadan*

O10ib Abb.: rk

❯ **Rumeli Hisarı Konzerte** (Juli): Traumhafte Kulisse in der alten osmanischen Festung **36** am Bosporus. Wo einst Sultan Mehmet mit Kanonen auf venezianische Schiffe schoss, regieren nun Popkonzerte bis in den August (Tel. 0212 3359335).

❯ **Istanbuler Açik Hava Konzerte** (Juli): Viele türkische Lokalgrößen, aber auch avantgardistische und ethnisch orientierte Musiker nutzen die Freilichtbühne oberhalb des Maçka-Parks für Open-Air-Konzerte (Tickets direkt am Freilufttheater Taşkışla Cad. in Harbiye, Tel. 0212 2576200).

HERBST

❯ **Istanbuler Kunstbiennale** (Sept.): In den ungeraden Jahren, also zweijährig stattfindendes Kunsthappening der avantgardistischen Art. Unterschiedliche Veranstaltungen (Fotografie, bildende Kunst), die meist unter einem übergeordneten Thema stehen und an verschiedenen Orten mit oft historischem Ruf, z. B. Tophane **20** oder Beylerbeyi **39**, stattfinden (Tel. 0212 3340763, www.iksv.org/bienal).

❯ **Akbank Jazzfestival** (Okt.): Bekanntes zweiwöchiges Musik-/Filmfestival, das im Gegensatz zum Istanbuler Jazzfestival (s. o.) nun wirklich dem Jazz verschrieben

ist (Tel. 0212 2525167, www.akbank sanat.com/jazz_festival). Schwerpunkt des Geschehens: das stadtbekannte Babylon.

❯ **Eurasia Marathon** (Okt.): Endlich mal zu Fuß von Asien nach Europa, nämlich über die Bosporus-Brücke, die ansonsten für Fußgänger gesperrt ist. Ein Heidenspektakel, „nur" weil der Marathon zwei Kontinente verbindet (jährlich am 3. Sonntag im Oktober, Tel. 0212 2344200, www.istanbulmarathon.org).

❯ **Istanbuler Kunstmesse** (Okt.): Viele Istanbuler Kunstgalerien sind dann im Tüyap-Zentrum nahe dem Atatürk-Flughafen präsent (Bilder, Skulpturen, Keramikarbeiten etc.). Shuttlebusse starten vom Atatürk Kültür Merkezi (s. S. 37) am Taksim-Platz (www.tuyapfair.com).

WINTER

❯ **Istanbuler Fotografietage** (Nov.): Den ganzen Monat über Veranstaltungen, Präsentationen und Diskussionen an verschiedenen Orten rund um das Thema Fotografie (Tel. 0212 2924201).

❯ **Istanbuler Buchmesse** (Nov.): Zehn Tage lang dreht sich alles um das Gedruckte. Viele Verlage, Schriftsteller und Journalisten zeigen Präsenz. Gleiche Lokalität

FEIERTAGE UND RELIGIÖSE FESTE

Nationale Feiertage:
> 1. Januar: **Neujahr**
> 23. April: **Tag der nationalen Unabhängigkeit** (am 23.4.1920 versammelte sich in Ankara zum ersten Mal das Parlament) und **Tag des Kindes**
> 19. Mai: **Tag der Jugend und des Sports**
> 30. August: **Nationalfeiertag**, Tag des Siegs im Unabhängigkeitskrieg gegen die Griechen 1922
> 29. Oktober: **Jahrestag der Gründung der Türkischen Republik** (am 29.10.1923)

Religiöse Feste:
Bei diesen Festen ist zu beachten, dass sie sich nach dem **islamischen Mondkalender** richten, der nur 354 Tage umfasst. Das bedeutet, dass die Feste sich pro Jahr gegenüber unserem Sonnenkalender um 11 Tage nach vorne verschieben.
> So beginnt zum Beispiel der **Fastenmonat Ramadan** im Jahr 2011 am 1. August, folglich wird er 2012 am 21. Juli beginnen. Gleiches gilt für alle anderen religiösen Feste. So findet das dreitägige **Şeker Bayramı ("Zuckerfest")**, mit dem die Fastenzeit zu Ende geht, im Jahr 2011 vom 29. bis zum 31. August statt, 2012 dann vom 18. bis zum 20. August. Während dieser drei Tage besuchen sich Verwandte und Freunde, um gemeinsam das Ende des Fastenmonats Ramadan zu feiern, und Kinder gehen von Tür zu Tür, um Süßigkeiten oder kleine Geschenke einzusammeln.

> Ein ebenso wichtiges Fest ist das viertägige **Kurban Bayramı ("Opferfest")**, das 2011 am 6. November beginnt (2012 also ungefähr am 26. Oktober). Es erinnert an die Ergebenheit Abrahams, der bereit war, für Gott seinen Sohn Isaak zu opfern. In einem symbolischen Akt, der die Gotteshingabe des Muslim zum Ausdruck bringen soll, wird an diesem Tag ein Tier durch Schächtung geschlachtet (meist ein Schaf oder eine Ziege). Ein Drittel des Fleisches wird an Arme und Bedürftige verschenkt, ein Drittel an Verwandte und Bekannte, das letzte Drittel verbleibt in der Spenderfamilie. Auch während dieses Festes besuchen sich Familien und Freunde oder man schreibt sich – falls Ersteres nicht möglich ist – zumindest Glückwunschkarten.

> Sehr zu empfehlen ist der Besuch des sonntäglichen **Ostergottesdienstes in der Kirche des Griechisch-Orthodoxen Patriarchats** in Fener **㉓**. (Je nach Termin der Feiertage im März oder April, das orthodoxe Osterfest findet eine Woche nach dem katholischen statt.) Die Kirche ist dann über und über mit Kerzen erleuchtet und der altehrwürdige Ritus ist auch für Nichtchristen sehenswert.

An den oben genannten nationalen wie islamischen Feiertagen **bleiben Banken, Behörden und viele Geschäfte geschlossen.**

und Shuttlebus-Anbindung wie bei der oben erwähnten Istanbuler Kunstmesse (Tel. 0212 8866843, www.istanbul-bookfair.com).
> **Internationales Festival religiöser Musik** (Nov.): Touristisch interessantes Festival,

das sich u. a. auch mit der mystischen Sufi-Musik der tanzenden Derwische beschäftigt. Bevorzugter Veranstaltungsort der zwischen November und Dezember stattfindenden Konzerte ist der Cemal Reşit Bey Konser Salonu, Darülbedai

Cad. 1 (nahe Hilton Hotel) (Tel. 0212 2315497).

❯ **Efes Blues Festival** (Nov.): An zwei Abenden treten im Hilton Hotel jeweils drei Bands auf; renommiertes Musikfestival (Tel. 0212 2525167).

❯ **Mevlana Festival** (Dez.): Zwischen dem 17. und 24. Dezember tanzen die Anhänger des Sufi-Meisters Mevlana Celaleddin Rumi im alten Derwisch-Kloster nahe Tünel am Anfang der Istiklal Caddesi ⑱ ihren mystischen Tanz.

ISTANBUL FÜR CITYBUMMLER

„Man muss viel laufen in Stambul. Da man, was man nicht mit dem Kleingeld von Schritten bezahlt hat, nicht gesehen hat, ist diese Stadt schwierig." Die Worte Erich Kästners gelten auch heute noch: Istanbul ist zumindest im Zentrum eine Stadt, die man erlaufen sollte, denn spannend sind keineswegs nur die Paläste, Moscheen und Museen, sondern das brodelnde, vielfarbige Alltagsleben, das selbst einem absichtslosen Bummel jeden Tag erneut den Charakter eines nicht enden wollenden Straßenkinos verleiht.

Allein, versteht man unter Zentrum auch nur das alte Konstantinopel innerhalb der Theodosianischen Stadtmauern ㉚, ergibt sich bereits eine Fläche, die dem Kurzreisenden die Benutzung von Verkehrsmitteln (s. S. 125) kaum erspart, so er in diese Regionen vordringen will.

Beginnen sollte man zur Einstimmung folglich mit dem lauffreundlichsten Teil der Stadt, dem **historischen Herz Sultanahmet** (s. S. 58), wo dicht gedrängt die größten Sehenswürdigkeiten der alten Kaiserstadt jeden Tag Heerscharen von Touristen anziehen. Daraus resultiert eine andere Ausnahmestellung dieses Viertels, nämlich die Tatsache, dass Besucher aus aller Welt samt dazugehöriger Infrastruktur dem Stadtteil ein **quasi museales Open-Air-Flair** verleihen. Sultanahmet ist, wenngleich

ein touristisches Muss, aus eben diesem Grund auch der einzige Stadtteil Istanbuls, wo türkisches Alltagsleben touristischer Dominanz gewichen ist – und wo es abends relativ ruhig zugeht, da die dort logierenden Besucher in der Mehrzahl anstrengende Besichtigungsprogramme für den nächsten Morgen planen.

Lebendiger und farbiger wird es da schon in den angrenzenden, ebenfalls leicht zu Fuß zu erlaufenden **Vierteln zwischen Großem Bazar** ⑪ **und Eminönü** ⑯: Vorbei an der grandiosen Süleymaniye ⑬ geht es bergab zum Goldenen Horn, wo im brodelnden, von engen Gassen geprägten **Marktviertel von Mahmutpaşa** (s. S. 77) die *Istanbullu*s ihre Einkäufe erledigen.

Über die Galata-Brücke und vorbei am genuesischen Galata-Turm ⑰ geht es bergan in eine weitere „andere" Welt dieser facettenreichen Millionenmetropole: In **Beyoğlu und seiner berühmten Istiklal Caddesi** ⑱ erwarten den Besucher **westlicher Chic und Fin-de-Siècle-Architektur** sowie das berühmte Nachtleben in unzähligen Bars und Restaurants.

Für die meisten Kurzreisenden enden hier die Fußwege. Die anderen sehenswerten Stadtteile oder gar Ausflugsziele erfordern die Nutzung eines oder mehrerer Verkehrsmittel. Mit den Fähren von Eminönü geht es bequem in die **asiatischen Stadtteile**

Üsküdar 🏵 und Kadıköy 🏵 oder auf große **Bosporus-Fahrt** (s. S. 100).

Auch die alten, **authentischen Viertel des Goldenen Horns, Fener, Balat** 🏵 **und Eyüp** 🏵, sind mit der Fähre am leichtesten zu erreichen. Wer in den alten Griechen- und Judenvierteln Fener und Balat an Land geht, um in dem angrenzenden Gassengewirr bergan die Chiora-Kirche 🏵 zu suchen oder gar den Marsch in den islamisch-konservativen Stadtteil Fatih fortzusetzen, kann auch als geübter Kartenleser schon mal die Orientierung verlieren. Panik ist aber auch in einem solchen Falle völlig unangebracht: Erstens geht es bergab immer zurück zum Meer und zweitens sind die Menschen hier besonders hilfsbereit.

Neben den Fähren soll hier insbesondere die touristische Bedeutung der **Tramvay (Straßenbahn)** hervorgehoben werden. Ihre West-Ost-Linie läuft von der Theodosianischen Mauer 🏵 über den Beyazıt-Platz (Großer Bazar) 🏵 direkt vor die Tore der Hagia Sophia ❶ in Sultanahmet. Danach erreicht sie Eminönü, überquert die Galata-Brücke, um nahe dem Dolmabahçe-Palast 🏵 ihren östlichen Endpunkt zu erreichen.

Allein diese kleine Aufzählung verdeutlicht, dass Istanbul selbstredend nicht an einem verlängerten Wochenende vollständig zu erobern ist. Man wähle nach persönlichem Geschmack und vor allem nicht zu viel – es wird mit Sicherheit ein nächstes Mal geben.

ISTANBUL FÜR KAUFLUSTIGE

Shopping ist für viele einer der Hauptgründe, nach Istanbul zu kommen. Einkaufen kann man hier, bis das Portemonnaie den Geist aufgibt.

Die **beliebtesten Mitbringsel** sind immer noch der orientalische Teppich (*Halı* = geknüpfter, *Kelim* = gewebter Teppich), Lederwaren (Jacken, Taschen), Bekleidung (Jeans, Hemden), Schmuck (vor allem Goldarbeiten), Gewürze, Süßigkeiten und eine unübersehbare Menge an mehr oder weniger kunstvollen Accessoire-Produkten (z. B. Kalligrafien, alte Karten, Kaffeeservice usw.).

EINKAUFSREGIONEN

Der berühmteste historische Warentempel der Stadt ist natürlich der **Große Bazar** 🏵. Aber Vorsicht: Er ist in den letzten Jahren touristisch kommerzialisiert worden, sodass

Einheimische selbst hier nur selten einkaufen (meist nur Goldschmuck oder kostbare Stoffe). Gleichwohl ist er für Touristen ein Muss, obwohl man Hemden, Hosen und andere praktische Bekleidungsstücke in der Regel im sich nördlich anschließenden **Marktviertel Mahmutpaşa** (s. S. 77) billiger bekommt. Dort und rund um den **Ägyptischen Bazar** 🏵 kaufen übrigens auch die Einheimischen ihre Schnäppchen und das Markttreiben ist um ein Vielfaches farbiger und lebendiger als im Großen Bazar. Sollte man aber dennoch im letzteren das persönliche Traumstück finden, so gilt es zu handeln und zu feilschen – Übung macht den Meister (Extrainfo hierzu s. S. 18).

Der zweite, kaum weniger berühmte Bazar ist der eben genannte der **Ägyptische Bazar.** Er wird auch „Gewürzbazar" genannt – nicht wenige touristische Gourmetnasen geraten hier ins Schwelgen und lassen sich die farbigen Küchenessenzen gleich säckchenweise einpacken. Rund um diesen Bazar, aber selten in ihm, kaufen die Türken mit Vorliebe ihre Bekleidung (Jeans, Hemden, Shirts, Socken usw.). Die Verkäufer haben nur kleine Läden oder präsentieren die Produkte auf einem Karren oder sogar nur auf einer Straßendecke. Günstiger kann man kaum mehr einkaufen, aber man sollte die Ware genau prüfen!

Wer hier in puncto Bekleidung nicht fündig wird, kann im **Textilstadtteil Laleli** (z. B. Taş Hanı, s. S. 19) die „**Russenmärkte**" ablaufen: Unzählige Läden bieten preisgünstig und en gros von der Unterwäsche bis zum Pelz alles, was man nur anziehen kann. Hier ist man auf Großkundschaft eingestellt, denn Händler aus Osteuropa kaufen Textilien und Schuhe kistenweise, um sie auf den heimischen Märkten gewinnbringend zu versilbern.

Wer mehr auf **Markenartikel und moderne Boutiquen** orientiert ist, sollte nördlich des Goldenen Horns in der „Neustadt" nach **Beyoğlu** 🔞 oder gar **Nişantaşı** ziehen. Hier kann man in schnuckeligen Antiquariaten nach dem Besonderen stöbern oder aber schicke Designerprodukte bewundern. Nördlich davon, in Şişli und Ettiler, nehmen die Konsumpaläste architektonisch wie auch vom Ambiente her deutlich amerikanischen Geist an: Die Türme des Ak Merkez in Ettiler könnten ebenso gut in San Francisco oder Los Angeles stehen.

▶ *Der Lage am Meer entspricht die reichhaltige Auswahl auf den örtlichen Fischmärkten*

▲ *Markttreiben in den Gassen am Ägyptischen Bazar* 🔞

Feilschen

Im Großen Bazar ist man auf Touristen eingestellt, man erwartet sie sehnlichst und das gleich in mehreren Sprachen. Schlepper werden Ihnen – ganz freundschaftlich – den besten oder günstigsten Leder- oder Teppichladen zeigen wollen. Ob dann freiwillig oder abgeschleppt: Im Laden für Teures wird dem Kunden zunächst einmal gastfreundlich ein çay (Tee) angeboten und ein paar höfliche Floskeln nach dem Woher und Wohin werden ausgetauscht. Dann beginnt unser Freund seine Arbeit, indem er Sie mit Jacken, Teppichen oder sonst etwas bombardiert und nach Ihren Wünschen forscht. Sie können sich alles in Ruhe ansehen, noch 20 Jacken anprobieren und auch noch einen weiteren Tee trinken – all das verpflichtet Sie zu nichts und Sie können den Laden jederzeit ohne Gesichtsverlust verlassen.

Sollten Sie aber auf die Preisvorschläge **mit einem konkreten Gegenpreis reagieren,** so erwartet man, dass Sie bezüglich der ausgewählten Ware auch zu einem Abschluss, also preislichen Kompromiss, kommen wollen. Beide Seiten müssen dabei wissen, wo der für sie liegt. Kalkulieren Sie das Zuviel des Anderen gegen Ihr geäußertes Zuwenig und versuchen Sie, die mögliche Mitte vorherzusehen. Mit anderen Worten: Der Käufer sollte erst dann einen konkreten Gegenpreis nennen, wenn er sich entschieden hat, dass das interessierende Stück finanziell für ihn in „Reichweite" liegt. Hat er diesen Schritt dann aber getan, gilt es zumindest als unhöflich, die unter Umständen längeren Verhandlungen ohne positives Ergebnis abzuschließen.

Das hier Gesagte gilt nur für das Spiel im Bazar oder beim Straßenhändler, in den großen Einkaufszentren oder etablierten Boutiquen (vor allem im Viertel Beyoğlu) gelten Festpreise.

Auf der asiatischen Seite lohnt der Besuch des angenehmen **Marktviertels von Kadıköy** ❸. Südlich davon erstreckt sich die kilometerlange **Bağdat Caddesi,** an der große Kaufhäuser und Boutiquen wieder mehr den modernen, westlich orientierten Shoppingkunden ansprechen.

Beim Kauf von alten Teppichen, Waffen und Kupferarbeiten sollte bedacht werden, dass museale Stücke mit historischem Wert der **Ausfuhrgenehmigung** durch eine Museumsleitung bedürfen. Antiquitäten dürfen selbstverständlich gar nicht ausgeführt werden.

EINKAUFSTIPPS

Die folgenden Tipps ergänzen die bereits oben genannten großflächigen Einkaufszentren bzw. -märkte. Da sie teilweise weit auseinander liegen, sind sie nach Stadtteilen geordnet.

Sultanahmet

Handwerk und Kunst:

🔴**3** [J13] **Cemre,** Peykhane Cad. 37 (Seitenstraße des Divan Yolu), www. cemredizayn.com, geöffnet: 10–19 Uhr, So geschl. Wer sich für kunstvolle und teilweise handgemachte Keramik und farbenprächtige Fayencen interessiert, findet alternativ zum Großen Bazar auch hier eine gute und breite Palette an ansprechenden Souvenirs.

🔴**4** [K13] **Istanbul Sanatları Çarşısı (Istanbul Handicrafts Center),** Kabasakal Caddesi 23, neben dem Yeşil Ev Hotel zwischen Hagia Sophia und der Blauen Moschee, Tel. 0212 5176782, geöffnet: tägl. 9–18 Uhr. Im Innenhof einer alten restaurierten Medrese (Koranschule) werden traditionsorientierte Handwerks- (Keramik, Porzellan, Stickerei, Glasarbeiten) und Kunstarbeiten (Kalligrafien, Textilmalereien) feilgeboten.

5 [J14] **Küçük Aya Sofya Sanat Merke-zi,** Küçük Aya Sofya Cad. 89, ca. 800 m westlich der Blauen Moschee, www. hat-tezhib.com, geöffnet: keine festen Öffnungszeiten, ca. 9 – 18 Uhr. Im Vorhof der Küçük Aya Sofya sowie davor haben sich einige Kunsthandwerker und Gale-risten niedergelassen, deren Produkte weit origineller sind als z. B. diejenigen des touristischen Arasta-Bazars.

Teppiche:

6 [K13] **Mevlana Rug Store,** Torun Sok. 1 (nahe Hippodrom), www.mevlanarug store.com, geöffnet: tägl. 8 – 19.30 Uhr. Gehört ebenfalls zu den arrivierten und seit Langem im Tourismus vertretenen Repräsentanten seiner Zunft. Angebot und Repräsentationsraum sind dement-sprechend groß.

7 [I12] **Sandal Bedesten,** Kapalı Çarşı (am östlichen Ende des Großen Bazars nahe dem Nuruosmaniye-Tor), geöffnet: 9 – 19 Uhr, So geschl. Dies ist der tradi-tionelle Marktbereich der Teppichgilde innerhalb des Großen Bazars. Ein Blick auf die Anbieter lohnt sich allemal, auch wenn hier günstige Preise nur mehr mit einer großen Portion an Geduld und Feilschkunst zu erwarten sind.

8 [K13] **Urartu Carpets,** Utangaç Sok. 10 – 12 (wenige Meter südlich des Hip-podroms), www.urartu.com.tr, geöffnet: tägl. 8 – 18 Uhr. Gehört zu den alteinge-sessenen und damit etablierten Teppich-geschäften, dementsprechend große Auswahl.

Bücher:

9 [J12] **Bookshop,** Divan Yolu 11 (nahe Hippodrom), Tel. 0212 5163366, ge-öffnet: tägl. 10 – 20 Uhr. Unter mehreren Buchhandlungen in Sultanahmet ist dies diejenige, welche die größte Auswahl an touristisch-historischer Informati-onslektüre bietet – allerdings zumeist in Englisch!

10 [I12] **Sahaflar Çarşısı,** am westlichen Ausgang des Großen Bazars nahe Bey-azit-Tor, geöffnet: Mo – Sa 9 – 19 Uhr, So geschl. In den kleinen Läden des „Bü-cherbazars" stapeln sich neue wie alte Werke, darunter auch zunehmend viele religiöse Schriften. Schüler und Stu-denten versuchen dagegen, das profan Nötige zu finden, und Kunstinteressierte forschen nach kalligrafischen Schnäpp-chen oder ähnlichen Preziosen.

Laleli

Textilien:

11 [G12] **Taş Hanı (Kuruçeşme Hanı),** Fethi Bey Cad. 55, mit der Tramvay bis Haltestelle Laleli, geöffnet: tägl. 9 – 20 Uhr. Der historische Han – einstmals Kaserne der türkischen Elitetruppe der

EXTRATIPP

Wochenmärkte

Wem das alles immer noch nicht reicht bzw. zu „unorientalisch" oder unauthentisch ist, der kann die gu-ten alten Wochenmärkte *(Mahal-le Pazarı)* besuchen, die quasi je-der Stadtteil an einem Tag der Wo-che durchführt. Zu den berühmtesten und farbigsten gehört der **Salı Pazarı** rund um das Kuşdili Sokak in Kadıköy. Fast ebenso bekannt ist der **Fatih Pazarı** rund um die Fatih-Moschee (Darüşşafaka Caddesi, jeden Mitt-woch), wo tief verschleierte Frauen dörfliche Produkte wie Gemüse, Obst und Käse, aber auch billige Kleidung und Haushaltswaren begutachten.

1 **Salı Pazarı,** Kuşdili Sokak. 2-mal pro Woche: dienstags klassischer Wochenmarkt mit Lebensmittel und Kleidungsständen, sonntags Floh-markt, auf dem Schmuck und Anti-quarisches zu finden ist.

2 **Fatih Pazarı,** Darüşşafaka Caddesi, jeden Mittwoch

Janitscharen – liegt im Textileinkaufszentrum von Laleli. In den Arkaden rund um den schönen Innenhof shoppen vor allem osteuropäische Händler in großen Mengen: Textilien aller Art, Schuhe etc.

Beyoğlu/Karaköy/Nişantaşı

Kunstgalerien und Antiquariate:

🏪**12** [J8] **Artrium**, Tünel Geçidi 7, Tünel-Bahn nach oben zur Haltestelle Tünel, direkt gegenüber der Tünel-Station im Innenhof, geöffnet: tägl. 10–18 Uhr. Hübsch gelegene Galerie mit türkischen Stichen, Kalligrafien, Malereien, Kostümen, Keramikwaren und Karten.

🏪**13** [J8] **Eller Sanat Galerisi**, Postacilar Sok. 12, in einer Seitengasse der Istiklal Cad., geöffnet: tägl. 10–18 Uhr. Kleines, verstecktes Antiquariat mit z. B. historisch nachgemachten alten Schmuckstücken. Hier kann man sich seine eigene *Tughra* (Schriftzug eines Sultans) schreiben lassen.

🏪**14** [J9] **Schneidertempel Sanat Merkezi**, Felek Sok. 1, unterhalb des Galata-

Turms im Stadtteil Karaköy, geöffnet: Mo–Fr 10.30–17, So 12–16 Uhr, Sa geschl. Die ehemalige jüdische Synagoge dient heute als Kunstgalerie und bietet in wechselnden Themenschwerpunkten Exponate der bildenden und darstellenden Künste zum Verkauf.

🛍**15** [J7] **Turkuaz**, Emir Nevruz Sok. 12, Nebengasse der Istiklal Caddesi, geöffnet: tägl. 10–18 Uhr. Interessantes kleines Antiquariat, das u. a. alte Bilder und Postkarten verkauft.

Textilien:

Das nördlich des Taksim-Platzes [L6] gelegene **Stadtviertel Nişantaşı** gehört nicht nur zu den teuersten Wohngebieten der Stadt, seine zwischen Teşvikiye Caddesi, Abdi Ipekçi Caddesi sowie Rumeli Caddesi liegenden Modeboutiquen und Patisserien machen diesen Stadtteil zum Aushängeschild der Gutbetuchten. Hier findet man zu entsprechenden Preisen all das, was Markenfetischisten auch in Barcelona, Paris oder Rom kaufen könnten.

🛍**16** [M3] **Arzu Kaprol**, Atiye Sok. 9, www.arzukaprol.net. Renommierte Modeboutique, die von einer der bekanntesten türkischen Designerinnen geführt wird. Wie sich das für Nişantaşı gehört, sind auch internationale Brands wie Louis Vuitton, Gucci und Escada nicht weit entfernt ...

🛍**17** [K7] **Vakko**, Istiklal Cad. 125, www.vakko.com.tr, geöffnet: tägl. 10–20 Uhr. Der Name steht für eine der bekanntesten türkischen Modemarken. Textilien, Schuhe und anderes.

Kunsthandwerk/Schmuck:

🛍**18** [M3] **Luxuria**, Abdi Ipekçi Cad. 7, mit der Metro von Taksim bis Haltestelle Osmanbey, Tel. 0212 2966600, www.luxuria.com.tr, geöffnet: Mo–Sa 10–18 Uhr, So geschl. Der Name ist Programm und entspricht dem allgemeinen Trend

014ib Abb.: fk

des Stadtteils, denn hier warten aufwendige Lüster, Kerzenhalter, Vasen und andere Accessoires des gehobenen Geschmacks auf solvente Kunden.

Vinothek:

🛑19 [M3] **KAV Şarap Butiği,** Atiye Sok. 12 (Seitenstraße von Abdi Ipekçi Caddesi), Tel. 0212 2349120, www.kavbutik.com, geöffnet: Mo–Sa 10–18 Uhr, So geschl. Eine der wenigen Vinotheken Istanbuls, die eine breite Auswahl sowohl türkischer wie auch internationaler Weine offeriert.

Buchhandlungen:

🛑20 [J8] **Alman Kitab Evi (Deutsche Buchhandlung),** Istiklal Cad. 237, nicht weit von der oberen Station der Tünel-Seilbahn am Anfang der Istiklal, geöffnet: Mo–Sa 10–18 Uhr, So geschl. Wem der Reiseliteratur ausgegangen ist oder wer sich deutschsprachig näher über Istanbul und die Türkei (auch kulturell oder literarisch) informieren möchte, findet in der kleinen, aber renommierten deutschen Buchhandlung bestimmt etwas Passendes.

🛑21 [J7] **Denizler Kitab Evi,** Istiklal Cad. 195, geöffnet: tägl. 10–19 Uhr. Alteingesessenes, nettes Antiquariat.

🛑22 [J7] **Istanbul Kitabçisi,** Istiklal Cad. 191, geöffnet: tägl. 10–19 Uhr. Straßenkarten, Poster, Stiche, Reiseliteratur etc., auch Verkauf von Tickets für Konzerte oder Festivals.

Beşiktaş

📍23 [N4] **Antik A. Ş.,** Talimyeri Sok. (Seitenstraße der Spor Caddesi), von Taksim-Platz Dolmuş oder z. B. Bus 25T nach Beşiktaş nehmen, Tel. 0212

2362460, www.antikas.com, geöffnet: tägl. 10–19 Uhr. Östlich von Beyoğlu im Stadtteil Beşiktaş gelegenes großes Antiquariat und Auktionshaus, das in einer restaurierten osmanischen Ministervilla des 19. Jh. untergebracht ist. Das renommierte Haus ist stolz darauf, das bisher teuerste türkische Kunstobjekt, ein Bild von Osman Hamdi Bey, für 3,9 Mill. Dollar an das Pera-Museum verkauft zu haben. Stöbern kostet aber nichts …

Kadıköy

Im asiatischen Stadtteil lässt sich im **Bazarbereich der Söğutlüçeşme Caddesi** angenehm shoppen (Textilien, Schuhe u. a.). Bekannt ist Kadıköy auch für seine Galerien und Antiquitätengeschäfte.

Antiquitäten und Bildergalerien:

🛑24 [S16] **Antikahane,** Dumlupinar Sok. 18 (im Bazarviertel), geöffnet: tägl. 10–18 Uhr. Antiquitätenladen mit alten Gravuren, Fotografien, Mobiliar, Porzellan usw.

❯ Eine ganze Kette weiterer Antiquitätenshops findet man in der nahe gelegenen **Tellalzade Sokak. Bildergalerien** befinden sich u. a. in der ebenfalls nahe gelegenen **Sarraf Ali Sokak.**

EXTRATIPP

Shop-Stop
Kaufmüden Beinen und hungrigen Mägen bietet der Große Bazar ⓫ in seinen Arkaden und Innenhöfen mehrere Cafés und – im Westen des Bazars nahe der Post – das große **Havuzlu Restaurant** an. Auch der zweite renommierte Bazar, der Ägyptische ⓯, verfügt mit dem **Pandeli** im ersten Stock des Eingangstores über ein sehr beliebtes Restaurant. Zudem befinden sich in unmittelbarer Nähe viele einfache Snackbuden, wo man für kleines Geld hervorragend speisen kann.

◀ *In den Arkaden des Großen Bazars* ⓫

ISTANBUL FÜR GENIESSER

Die türkische Küche ist anerkanntermaßen eine der besten der Welt. Ihr Ruhm gründet vor allem auf der unerschöpflichen Breite der verwendeten Zutaten, die nur noch von der chinesischen Küche übertroffen wird. Der Grund für diese Vielfältigkeit liegt im Osmanischen Reich, das sich über drei Kontinente erstreckte. In der Palastküche des türkischen Sultans wetteiferten die ehrgeizigen Köche darum, dem Herrscher immer wieder neue Köstlichkeiten zu erfinden und zu kredenzen.

Woran die Männer beim Kochen dachten, verraten die allseits bekannten Namen solcher Gerichte wie *Kadın Budu* („Frauenschenkel", Fleischspeise, die aus Hackfleischbällchen *(Köfte)* besteht), *Kız Memesi Tel Kadayıfı* („Mädchenbrüste", ein schmackhaftes Teig-Sirup-Dessert), *Dilber Dudağı* („schöne Lippen", kurz

als „Frauenlippen" bekannt, frittiertes, schön gefaltetes Gebäck) oder *Kadın Göbeği* („Frauennabel", frittiertes Gebäck mit einem fantasievollen Loch in der Mitte). Was nur beweist: Man isst (und kocht) mit den Augen und der Fantasie …

ESSEN UND TRINKEN

Beginnen wir mit dem Bescheidensten, dem **Frühstück (Kahvaltı):** Schafskäse, Oliven, Tomaten, Honig, Konfitüre, ein Ei und viel, viel frisches helles Weizenbrot – das wars schon. In den Hotels (dort oft Büfetts) wird dazu Kaffee oder Tee serviert.

Die **Hauptgerichte** beginnen mit den bekannten **Vorspeisen (Mezeler)** oder einer Suppe *(Çorba).* Erstere werden warm oder kalt auf kleinen Tellern serviert und sind äußerst vielfältig, so z.B. *Midye Dolması* (gefüllte

Muscheln), *Biber Dolması* (gefüllte Paprika), *Domates Dolması* (gefüllte Tomaten), *Humus* (Kichererbsenpüree), *Muhamarra* (Walnusspaste), *Beyaz Peynir* (Schafskäse), *Patlıcan Kızartması* (gebratene Auberginen), verschiedene Arten von *Pastırma* (Dörrfleisch mit Knoblauch und anderen Gewürzen) oder Börek-Variationen (Gebäck und Pasteten). Der Ausdruck *dolma* bedeutet übrigens „gefüllt" und ist bei vielen türkischen Gerichten zu finden, deren äußere Hülle verschiedene Leckereien enthält.

Auch unter den **Suppen (Çorbalar),** der klassischen türkischen Vorspeise, finden sich viele Variationen: Da gibt es beispielsweise die *Tutmaç Çorbası* (Nudelsuppe), die *İşkembe Çorbası* (Kuttelsuppe), die *Tarhana Çorbası* (Joghurtsuppe mit Tomaten und Zwiebeln), die *Yayla Çorbası* (Reissuppe mit Joghurt und Ei), die *Domates Soğan Çorbası* (Tomaten-Zwiebel-Suppe) und die sehr beliebten heißen Joghurtsuppen *(Yoğurt Çorbası),* die mit Reis oder zerstoßenem Getreide zubereitet werden.

Die **Fleischgerichte (Etler)** werden den meisten Europäern zumindest namentlich nicht ganz unbekannt sein. *Kebap* (geröstetes Fleisch) und *Köfte* (Fleischklöße) sind in der ganzen Welt berühmt. Aber sie finden sich in der Türkei in weit vielfältigerer Weise verarbeitet: Der Imbisshit *Döner Kebap* wird bekanntlich meist in dünnen Scheiben einfach ins Brot geschnetzelt. Daneben stellen *Şiş Kebabı* und *Adana Kebabı* (Kebabspieße) wie vor allem auch der *İskender Kebabı* (Kebab in Joghurtsoße) beliebte Hauptgerichte dar. Einer der billigsten Snacks ist der *Tavuk Döner,* der praktisch an jeder Ecke und jedem Kiosk verkauft wird. *Tavuk* (Hähnchen) ist auch in den *Lokantas* eine beliebte Fleischspeise, so z. B. das *Çerkeş Tavuğu* („Tscherkessenhuhn", in einer Paprikasoße serviert). Kostspieliger sind da schon Lammgerichte *(Kuzu Eti).* Sie werden als Kotelett *(Pirzola)* oder Frikassee

◀ *Manche Geschäfte quellen vor Gewürzen und getrockneten Früchten nahezu über*

◼ RAMADAN IN ISTANBUL

*Das **Fasten** im Monat **Ramadan** (türk.: „Ramazan") ist eine der wichtigsten Pflichten des Islam. Jeder Gläubige ab dem 8./9. Lebensjahr verzichtet während des Fastenmonats zwischen Sonnenaufgang und -untergang auf Essen, Trinken, Rauchen und Geschlechtsverkehr (zu den genauen Terminen s. S. 14). In der Zeit des Ramadans wird der At Meydanı ❻ zu einem stimmungsvollen Festplatz umfunktioniert (der größte Ramadan-Festplatz der Türkei), an dem am Abend pünktlich bei Sonnenuntergang jeder Platz zum Essen besetzt ist.*

Touristen sind vom Fasten selbstredend ausgenommen (auch westlich eingestellte Türken befolgen es nicht immer) und in den touristischen Stadtteilen - vor allem im westlichen Beyoğlu - merken ausländische Besucher nur wenig davon. In konservativen Stadtteilen wie z. B. Fener, Fatih und Eyüp bleiben aber die meisten Restaurants während des Tages geschlossen.

(Kuzu Kapaması) serviert. Natürlich ist auch der Hammelbraten *(Koyun Kızartması)* sehr beliebt, während Schweinefleisch gemäß den Regeln des Islam nicht gegessen wird.

Zu diesen Gerichten gibt es verschiedene **Gemüsebeilagen (Sebze)**.

Fischgerichte (Balıklar) sind natürlich auch am Bosporus beliebt, haben aber ihren Preis. In den bekannten Fischrestaurants von Kumkapı in Sultanahmet oder Ortaköy ③⑤ hält man verschiedene Fischarten bereit, darunter *Palamut* (Bonito, eine Makrelenart), *Uskumru* (Makrele), *Kılıç* (Schwertfisch), *Çipura* (Goldbrasse), *Lipsos* (Roter Drachenkopf), *Sardalya* (Sardine), *Hamsi* (Schwarzmeerfisch, Sardelle), *Levrek* (Seebarsch aus dem Schwarzen Meer), *Barbunya* (Barbe) u. a. Am Goldenen Horn in

016ib Abb.: fk

Eminönü ⑯ an der Galata-Brücke bekommt man sowohl in den Brückenrestaurants als auch direkt vom Schiff **frisch gebratenen Fisch** *(Balık)* samt Zwiebeln und Tomaten für ca. 2 €.

Schließen wir den Speiseplan mit dem süßen **Dessert (Tatlılar)**. Wie wäre es mit einem Stück *Baklava* (honigübergossener Mandelkuchen mit Nüssen oder Pistazien, gleichsam das türkische Dessert par excellence)? Oder bevorzugen Sie türkischen Honig *(Sade Lokum)*? Egal, was man wählt – und es locken noch viele Variationen wie z. B. *Sütlaç* (Reispudding) und *Keşkül* (Mandeldessert) –, es ist süß und schwer und viel zu lecker! Zum Glück muss man in Istanbul viel laufen, da kann man sich ruhig einige kulinarische Exzesse erlauben ...

Zu jedem Essen wird ein Körbchen mit frischem **Brot (Ekmek,** als flaches Fladenbrot **Pide)** gereicht, das immer

Traditionelle Erfrischung

Nördlich der Prinzenmoschee ㉕ befindet sich eine kulinarische Sehenswürdigkeit ganz eigener Art: An der Vefa Caddesi (auch „Katipp Çelebi Caddesi" genannt) steht das 1876 erbaute **Haus des Vefa Bozacısı**, in dem seit 130 Jahren (!) **Salep** verkauft wird. Das überall bekannte und vor allem im Winter und zum Ramadanfest beliebte Erfrischungsgetränk wird aus Milch und Knabenkrautwurzel zubereitet, wobei dann oft noch Ingwer oder Zimt eingestreut werden. Bei der Fermentierung arbeiten kräftig Bakterien mit, sodass die Lagerung recht schwierig ist. Dies erklärt, dass man in dem recht traditionellen, aber einfachen Verkaufsladen auch vorwiegend Glasflaschen sieht, da deren Verschluss eine bessere Luftzufuhr garantiert. Wer also in Tradition schwelgen möchte: Mehrere Sorten stehen zur Auswahl.

🔒**25** [G11] **Vefa Bozacısı**, Vefa Cad. 104, www.vefa.com.tr, tägl. 9 – 12 Uhr

🔺 *Für den kleinen Hunger zwischendurch empfehlen sich gefüllte Kartoffeln („Kumpir")*

⬛ VON LÖWENMILCH UND BITTER-SÜSSEM TEE

Etwas vorsichtig sollte man mit ihm schon sein: Der bekannte türkische **Anisschnaps (Rakı)** *trägt seinen Beinamen - „Aslan Sütü" („Löwenmilch") - durchaus zu Recht. Die bekannte Variante des türkischen Ouzo wird von den Türken bei langen und ausgedehnten Abendessen („Rakı Sofrası") mit Wasser vermischt (deshalb die milchige Farbe) und oft in reichlichen Mengen getrunken. Der klassische Ort für solch eine Rakı-Tafel ist die* **Meyhane,** *also die „Kneipe", wo man in geselliger Runde bei einer Flasche „Löwenmilch" den „Mezeler" (kleine Speisensnacks) zuspricht. Im Gegensatz zum griechischen Ouzo besitzt der bis zu 50-prozentige Rakı aber nur einen leichten Anisgeschmack, sodass Touristen leicht das subjektive Gefühl haben, an einem „farblosen" und harmlosen Getränk zu nippen. Die Wirkung setzt dann plötzlich und vehement ein und ein Rakı-Rausch kann einen dann schon für einen Tag außer Gefecht setzen. Eine der beliebtesten und bestbesuchten Meyhane-Gassen Istanbuls ist übrigens die* **Nevizade Sokak** *[K7] in Beyoğlu ⓲, in der es am Wochenende schnell keinen freien Platz mehr gibt.*

Nach dem Essen bekommt man in einem türkischen Restaurant noch einen **Tee (Çay)** *serviert, das Nationalgetränk schlechthin, das den ganzen Tag über - meist aus „Tulpengläsern" („Bardak", eine Tasse heißt „Fincan") - getrunken wird. Der türkische Tee (aus den Anbaugebieten um Rize am Schwarzen Meer) ist reichlich zu süßen, um seine bittere Grundnote auszugleichen, aber dann ist er ein besonders aromatischer Tee. Neben seiner Grundvariante als Schwarzer Tee gibt es noch den touristischen „Elma" (Apfeltee) oder „Oralet Çay" (Orangentee).*

Ein türkischer **Teegarten (Çay Bahçesi)** *- und das sei hier mit Nachdruck herausgestellt - ist der* **ideale Ort, um sich zu erholen und auszuruhen.** *Istanbul und der Bosporus verfügen über reichlich schöne Teegärten und längst sind die allermeisten von ihnen nicht länger mehr ein Vorrecht der Männer.*

Der **türkische Mokka (Türk Kahvesi),** *aus dessen Sud man die Zukunft lesen zu können glaubt, wird viel seltener getrunken. Wer ihn bestellt, wird gefragt werden, ob er ihn süß („şekerli") oder schwarz („sade") haben möchte.*

reichlich verzehrt wird, sowie eine Flasche **Wasser (Su)** oder ein Glas bzw. ein Becher **Ayran** (leicht gesalzenes Joghurtgetränk) bestellt.

Als weitere **Getränke** bieten sich verschiedene Fruchtsäfte *(Meyva Suyu)* oder auch Limonade *(Limonata)* an. *Salep* (gegorene Milch mit Zimt und anderen Gewürzen, kein Alkohol) wird im Winter warm getrunken und soll allen möglichen Formen

des Unwohlseins vorbeugen. An Festtagen wie z. B. im Ramadan (Fastenmonat) wird er – wie auch *Şalgam* (ein heißes, recht scharfes fermentiertes Karottengetränk) – an vielen Buden und Ständen angeboten.

Beim **Alkohol** sollte man bedenken, dass aus Lizenz- oder religiösen Gründen **nicht alle Restaurants** (meist einfache *Lokanta*s in konservativen Stadtteilen) Hochprozentiges ausschenken. Ansonsten sind die türkischen **Biersorten (Bira)** Tekel und Efes durchaus zu empfehlen, wobei vor allem bessere Restaurants auch ausländische Biere wie z. B. Tuborg führen und zudem mit mehreren türkischen oder ausländischen **Weinsorten (Şarap)** aufwarten können (z. B. *Doluca*).

LOKALTYPEN
UND BESONDERHEITEN

Istanbul bietet jedem Geldbeutel seine passende – und dazu noch gute – Küche. In einer groben Einteilung lassen sich drei Ebenen ausmachen. Die billigste Essgelegenheit (wenn auch meist nur ein Snack) bietet der **Straßenhändler oder Kiosk.** Ein gekochter Maiskolben *(Mısır)* kostet hier ca. 50 Cent, einen *Tavuk Döner* (Hähnchengeschnetzeltes) bekommt man für einen knappen Euro, desgleichen einen Hotdog, die türkische Pizza *(Lahmacun)* wie auch den Hamburger. Die oben erwähnten frisch gemachten Fischbrötchen vom Boot gehören in die gleiche Kategorie.

Richtiges Essen fängt aber erst auf der zweiten Ebene an, der **Lokanta**. Diese kleinen, schmucklosen Restaurants bzw. Garküchen gibt es zuhauf und die Gerichte, die sie in ihren Töpfen zur Schau stellen, sind immer schmackhaft und sehr frisch. Besser und preisgünstiger isst man nirgendwo. Auch wer kein Wort Türkisch spricht, kommt hier zurecht, indem er einfach auf das Gewünschte zeigt. Der Preis für eine Portion beträgt – je nach Stadtlage – etwa 4–8 €. In diesen Lokalen essen auch die Einheimischen, was stets ein Zeichen von Qualität und Frische ist. Verzichten muss man dafür in aller Regel auf Dekor und Ambiente. Die Räume sind einfach und nüchtern eingerichtet, Plastikstühle und Neonlicht zeigen an, dass es hier lediglich ums Essen geht, und auch die Gabel kann schon mal etwas krumm sein.

017ib Abb.: fk

Das ändert sich mit der dritten Ebene, den eigentlichen **Restaurants**. Nicht dass das Essen hier unbedingt besser wäre, aber die Inhaber legen Wert auf schöne Dekoration oder stilvolles Ambiente. Hierzu gehören die vielen **Aussichtsrestaurants** mit Blick über Altstadt oder Bosporus und die Touristenrestaurants mit Kerzenlicht-Romantik in Sultanahmet. Letztere werden fast nie von Türken besucht, sondern nur bedient. Das Abendessen in einem dieser Restaurants kann leicht zwischen 15 und 25 € pro Person liegen. Landet man in besonders touristischen Gegenden, wie z. B. der berühmten **Çiçek Pasajı** in Beyoğlu (s. S. 84) oder auch in den **Fischrestaurants** von Ortaköy ③⑤, kann es noch teurer werden. Wer sein Gericht nicht aus der Karte, sondern nach dem dargebotenen Vorspeise- oder Fischteller auswählt, sollte vorsichtig sein: Kleine Häppchen summieren sich schnell zu saftigen Gesamtpreisen. Zudem erwartet man in diesem Ambiente ein **Trinkgeld** von ca. 7 – 10 %

EMPFEHLENSWERTE LOKALE

Imbiss/Lokanta

⓭**26** [K12] **Can Restaurant** ᵋ, Divan Yolu 10, direkt an der Tramvay-Haltestelle Sultanahmet, geöffnet: 10 – 20 Uhr. Türkische Lokanta mit verführerisch ausgelegten Gerichten und einer guten Auswahl. Allerdings entsprechen die Preise (vor allem die der Getränke) der touristischen Lage.

◀ *Eine Frau bei der Zubereitung von „Gözleme" - Pfannkuchen auf Türkisch*

SMOKER'S GUIDE

Qualmen wie ein Türke – diese Zeiten sind vorbei. Seit Juli 2009 hat die Türkei im Kampf gegen den blauen Dunst so manches fortschrittliche europäische Land überholt und **eines der kompromisslosesten Anti-Raucher-Gesetze** in Kraft gesetzt: In geschlossenen öffentlichen Räumen darf nicht mehr geraucht werden. Bei Verstoß droht eine Strafe von ca. 30 € (dem Restaurantbesitzer sogar bis zu 2700 €). So bleibt für Raucher nur die tröstliche Gewissheit, dass das Wetter am Bosporus ja meist schön ist …

⓭**27** [S16] **Çiya Sofrası** ᵋ⁻ᵋᵋ, Güneşlibahçe Sok. 38/A, mitten im Marktviertel von Kadıköy, Tel. 0216 3303190, www.ciya.com.tr, geöffnet: 10 – 20 Uhr. Hervorragendes und unter Einheimischen weithin bekanntes Restaurant mit türkischer Küche im Zentrum Kadıköys. Das Restaurant ist in puncto Ambiente einfach, aber sein Ruf so gut, dass man abends schon mal warten muss, um einen Platz zu bekommen. Für die Qualität preiswert!

⓭**28** [J11] **Et Iş** ᵋ, Hoca Paşa Sok. 25, Sirkeci, Tramvay-Haltestelle: Sirkeci, geöffnet: 10 – 20 Uhr. Die Hoca Paşa ist eine der farbigsten und stimmungsvollsten Gassen Sirkecis und einer der wenigen Orte, wo sich Einheimische und

RESTAURANTKATEGORIEN

Die Preise verstehen sich für ein Menü für zwei Personen (ohne Getränke):

€	unter 20 €
€€	20 – 40 €
€€€	über 40 €

(Individual-)Touristen die Lokantas teilen. Erst in die Kochtöpfe schauen und dann bestellen.

🌵**29** [I12] **Huzur Café** €, Yağlıkçılar Caddesi 15, direkt im Großen Bazar, geöffnet: 9–19 Uhr, So geschl. Nettes und gemütliches Café/Restaurant im Cebeci Han des Großen Bazars. Gut als Shoppingpause geeignet, türkisch-internationale Snacks.

🌵**30** [Q8] **Kanaat Lokantası** €, Selmanipak Cad. 9, nicht weit vom Fähranleger in Üsküdar, Hauptstraße Richtung Ortsmitte, geöffnet: 10–19 Uhr. Wer gut und preiswert essen will, ist in dem einfachen, auch bei Einheimischen beliebten Restaurant richtig. Türkische Küche.

🌵**31** [K6] **Merkez Et Lokantası** €, Sakızağa Cad. 12, Seitengasse der Istiklal in Beyoğlu, geöffnet: 10–23 Uhr. Ganz einfache Neonlicht-/Plastikstuhl-Lokanta, aber leckeres Essen und super Preise, ähnliche Lokantas in unmittelbarer Umgebung.

🌵**32** [K12] **Pudding Shop** €, Divan Yolu 6, direkt an der Tramvay-Haltestelle Sultanahmet, geöffnet: 10–20 Uhr. Weltberühmt war er in den 1960er- und 1970er-Jahren, als sich hier Hippies, Aussteiger und Flower-Power-Gläubige aus aller Welt sammelten, Infos austauschten, um dann nach Indien weiterzuziehen. Heute ist der Pudding Shop in der ach so biederen Realität angekommen und eine stinknormale Touristen-Lokanta mit türkisch-internationaler Küche.

🌵**33** [J12] **Safran** €, Vezirhan Caddesi, direkt neben dem Hamam, Tramvay-Haltestelle: Çemberlitaş, geöffnet: 10–19 Uhr. Touristisches Divan-Café/Restaurant, wo man sich locker auf Kissen räkelnd und fotobereit den Frauen beim Rollen von *Gözleme* (Teigfladen) zusehen kann. Alternativ lichtet man die türkische Folkloregruppe ab.

🌵**34** [K12] **Tarihi Sultanahmet Köfteçisi** €, Divan Yolu 12, direkt an Tramvay-Haltestelle Sultanahmet, geöffnet: 10–20 Uhr. Auf dem Divan Yolu die große Ausnahme zwischen all dem touristischen Durchschnitt! In über 100 Jahren hat sich dieses einfache, aber hervorragende Köfte-Restaurant seinen exzellenten Ruf bewahren können. Ausgezeichnete Hackbällchen und dazu noch recht preiswert.

🌵**35** [J8] **Yemek Külübü** €, Istiklal Cad. 172/A, nahe Tünel-Seilbahnstation, Tel. 0212 2522701, geöffnet: 10–22 Uhr. Der Hit in diesem Restaurant ist nicht das Essen – einfach und günstig, aber nichts Aufregendes –, sondern das Interieur: Wunderschöne Fliesengemälde der Jahreszeiten an den Wänden haben das Fin-de-Siècle-Schnellrestaurant beliebt gemacht. Ein Blick hinein lohnt sich auf jeden Fall.

Restaurants

🌵**36** [J12] **Amedros** €€–€€€, Hoca Rüstem Sok. 7, fast direkt am Divan Yolu, nahe Tramvay-Haltestelle Sultanahmet, Tel. 0212 5228356, geöffnet: 11–22 Uhr. Eines jener eigens für den touristischen Geschmack entwickelten „schnuckeligen" Candlelight-Restaurants am Divan Yolu. Gute türkische wie internationale Küche. Die ähnlichen, unmittelbar benachbarten Restaurants **Anatolian House** (Tel. 0212 5220638) und **Kırevi** (Tel. 0212 5126942) unterstreichen ihr orientalisches Flair durch ihre Divanausstattung und eine weitgehend ottomanisch-anatolische Speisekarte.

🌵**37** [D7] **Asitane** €€–€€€, Kariye Camii Sok. 6 (neben dem der Chora-Kirche), von Taksim Bus 87, von Eminönü Bus 32 oder Fähre über das Goldene Horn bis Ayvansaray und dann laufen, Tel. 0212 5348414, www.kariyeotel.com/asitane. htm, geöffnet: 11–24 Uhr, So Brunch-Büfett bis 15 Uhr, klassische türkische Musik Fr/Sa ab 20 Uhr. Das dem Kariye Hotel benachbarte Restaurant verheimlicht seine bis zu 700 Jahre alten Rezepte, ist es doch stolz darauf, die wahre osmanische Küche (allein) repräsentieren zu können.

🔴**38** [H11] **Darüzziyafe Türk Mutfağı** €€, Şifahane Cad. 6, an der Süleymaniye-Moschee, geöffnet: 10–23 Uhr. Recht preiswertes Restaurant im schönen Innenhof des ehemaligen Waisen- und Krankenhauses der Süleymaniye-Moschee mit türkisch-ottomanischer Küche.

🔴**39** **Doğatepe Café/Restaurant** €€–€€€, Nispetiye Cad./Duatepe Parkı, Rumeli Hisarüstü, von Kabataş Bus 43R bis Endstation nehmen, Tel. 0212 2574391, www.dogatepe.com.tr, geöffnet: 12–1 Uhr. Hoch über der Burg Rumeli Hisarı gelegenes Café/Restaurant mit herrlichem Blick über den Bosporus und die zweite Interkontinentalbrücke, die Sultan Fatih Köprüsü. Türkische Küche.

🔴**40** [J9] **Galata Evi** €€, Galata Kulesi 61, unterhalb des Galata-Turms, Tramvay-Haltestelle: Karaköy, Tel. 0212 2451861, geöffnet: 12–24 Uhr, Mo geschl. Im alten britischen Gefängnis untergebrachtes kleines Familienrestaurant, in dessen stilvoller Wohnzimmeratmosphäre mit historischem Dekor und kleinen Erkern seit 20 Jahren russisch-georgische Gerichte serviert werden.

🔴**41** [I12] **Havuzlu Restaurant** €€, Gani Çelebi Sok. 3, im Großen Bazar, Tel. 0212 5273346, geöffnet: 10–19 Uhr, So geschl. Türkisch-internationale Küche. Das im Großen Bazar neben der Post gelegene Restaurant bietet sich für Kaufsüchtige an, die den Bazar selbst zum Essen nicht mehr verlassen wollen ...

🔴**42** [J8] **Kave** €€–€€€, Tünel Geçidi 10, im Innenhof gegenüber der Tünel-Station, geöffnet: 10–23 Uhr. Das bekannte Café/Restaurant liegt in einem schön begrünten Innenhof, türkisch-internationale Küche, abends Café/Bar, „westliches" Ambiente.

Lecker vegetarisch

Obschon die türkische Küche sehr wohl eine breite Verwendung von Gemüse, Reis und Kartoffeln kennt, sind rein vegetarische Restaurants in Istanbul bisher immer noch Seltenheiten. Zu sehr schätzen die Einheimischen den gerösteten oder gegrillten Genuss von Fleisch. Ausnahmen:

➋**51** [K6] **Parsifal** €–€€, Kurabiye Sok. 23, Tel. 0212 2452588. Von Vegetariern hoch gelobt ob der variantenreichen Zubereitung.

➋**52** [K6] **Zencefil** €–€€, Kurabiye Sok. 3 (Seitenstraße der Istiklal Caddesi nahe Taksim), Tel. 0212 2444082. Kleines, hübsches Restaurant mit schmackhaft zubereitetem Gemüse und der Nutzung von viel Olivenöl.

🔴**43** [S19] **Moda Iskelesi** €€, am Fähranleger von Moda südlich von Kadıköy, mit der Fähre von Eminönü nach Kadıköy, dann die historische Straßenbahn nach Moda nehmen, Tel. 0216 4446644, geöffnet: 11–22 Uhr. Im schönen alten Fähranlegerhaus von Moda untergebrachtes Café/Restaurant, mit weitem Blick auf das Marmarameer und die asiatische Küste. Das Restaurant liegt in der oberen Etage und serviert u. a. türkische Fischgerichte.

🔴**44** [K12] **Mozaik** €€–€€€, Incilli Çavuş Sok. 1, direkt am Anfang einer Seitengasse des Divan Yolu nahe Tramvay-Haltestelle Sultanahmet, Tel. 0212 5124177, geöffnet: 11–20 Uhr. Ebenfalls im touristischen Restaurantviertel gelegenes romantisches Restaurant, dessen Kerzenlicht-Atmosphäre und gute Küche fast ausschließlich von Ausländern gewürdigt wird.

🔴**45** [J7] **Nuteras** €€€, Meşrutiyet Cad. 67, Parallelstraße der Istiklal Caddesi, neben

Für den späten Hunger

Kein Problem – Beyoğlu **18** schläft nie! Die **Döner- und Imbissbuden am Taksim-Platz** [L6] haben gleich reihenweise rund um die Uhr geöffnet. Auch am kleinen Fischmarkt-Viertel nahe der Istiklal Caddesi und den umliegenden Gassen (z. B. der Nevizade Sokak [K6/7]) haben Restaurants und Imbisse bis in die frühen Morgen geöffnet. Last but not least halten viele **Klubs** bis spät in die Nacht ihre Küche offen – was allerdings seinen Preis hat (s. S. 36). Schlechter sieht es in Sultanahmet aus – hier werden (ausgenommen im Ramadan) spätestens um Mitternacht die Bürgersteige hochgeklappt.

Lokale mit grandiosem Panorama

Neben den drei Cafés und Teegärten (s. S. 32) bieten vor allem das **Seven Hills Restaurant** (s. S. 31), das **Nuteras** (s. S. 29), das **Vogue** (s. S. 31) und das **Doğatepe** (s. S. 29) großartige Panoramen.

Pera Müzesi, geöffnet: ab 19 Uhr, nur im Sommer. Das Restaurant auf der Dachterrasse ist eine der beliebtesten (leider auch teuersten) Adressen Istanbuls. Herrlicher Blick über das Goldene Horn, international-mediterrane Küche.

46 [J10] **Pandeli** €€, Mısır Çarşısı 1, im 1. Stock des Haupttores zum Ägyptischen Bazar, Tramvay-Haltestelle: Eminönü, Tel. 0212 5225534, geöffnet: 12–16 Uhr, So geschl. Das alteingesessene, berühmte Restaurant liegt in der von schönen Fliesen geschmückten ersten Etage des Eingangstors zum Ägyptischen Bazar. Türkische Küche, kein Alkohol.

47 [J7] **Rejans** €€€, Olivia Han Geçidi 15, Seitengasse der Istiklal Caddesi, Tel. 0212 2433882, geöffnet: 11–22 Uhr. In dem Edelrestaurant, das seit 1932 besteht, speiste schon Atatürk. Feine russisch-französische Küche, die natürlich ihren Preis hat. Neben dem Restaurant Rejans liegen die dicken, recht urigen Mauern eines alten Gefängnisses, in denen heute das Restaurant **Zindan** türkische Küche und Livemusik bietet.

48 [K12] **Sarnıç** €€€, Soğukçeşme Sokak, Fußgängergasse hinter der Hagia Sophia, Tel. 0212 5124291, geöffnet:

19.30–24 Uhr. Die aus byzantinischen Zeiten datierende Zisterne wurde bis in die 1970er-Jahre als schnöde Autowerkstatt missbraucht, bis der türkische Automobilklub mit der gesamten Gasse auch diese unterirdischen Räume stilvoll renovierte. Wer gern vor einem Kamin zwischen alten Säulen bei klassischer Musik speist und türkische und französische Küche goutiert, der wird hier auf seine Kosten kommen.

🎧49 [K13] **Seven Hills Restaurant** €€–€€€, Tevkilhane Sok. 8, unweit der Hagia Sophia, Tel. 0212 5169497, geöffnet: 11–23 Uhr. Dachterrassenrestaurant im gleichnamigen Hotel, traumhafte Aussicht auf Sultanahmet und Marmarameer, insofern der richtige Tipp für eine laue, romantische Dinner-Nacht. Türkische wie internationale Küche.

🎧50 [O5] **Vogue** €€–€€€, Süleyman Seba Cad. 48/A, BJK Plaza Blok A, mit Bus (z. B. 25T von Taksim) nach Beşiktaş, dann zur Spor Caddesi laufen, hohes zurückliegendes Gebäude rechter Hand, www.istanbuldoors.com, Tel. 0212 2274404, geöffnet: 11–1 Uhr. Aussichtsrestaurant im 13. Stock eines gelben Hochhauskomplexes, das einen fantastischen Blick über den Bosporus und die Metropole bietet, internationale Küche.

Fischrestaurants

➲53 [I13] **Kör Agop** €€–€€€, Ördekli Bakkal Sok. 7, Stadtteil Kumkapı, zu erreichen mit Vorortzug von Bahnhof Sirkeci, Tel. 0212 5172334, geöffnet: 12–1 Uhr. Renommiertes Haus, das seit 1938 seine Gäste mit armenischer/türkischer Küche und historischer Fasıl-Musik unterhält. Der Ortsteil **Kumkapı** ist bekannt für seine vielen Fischrestaurants, die dicht gedrängt nebeneinander liegen. Es empfiehlt sich, ein Komplettmenü aus der (auch deutschsprachigen) Karte auszuwählen (ca. 15–20 €), denn das

Bestellen kleiner unterschiedlicher Fischportionen (pro Portion um die 5 €) kann leicht zu einem schwer kontrollierbaren, teuren Erlebnis werden.

➲54 [S3] **Poisson** €€–€€€, Iskele Meydanı 26, Ortaköy, z. B. Bus 25E von Kabataş, von Taksim-Platz Bus 40, Tel. 0212 258490, geöffnet: 11–23 Uhr. Am zentralen „Dorfplatz" von Ortaköy gelegen gehört dieses Fischrestaurant wie seine es umgebende Konkurrenz am Wochenende zu den beliebten Dinnertreffpunkten gut situierter Istanbuler.

➲55 **Uskumru** €€, Körfez Cad. 55, asiatische Seite des Bosporus kurz vor Kanlıca, Fähre nach Üsküdar nehmen, dann Bus 15, Tel. 0216 4601000, www.uskumru.com.tr, geöffnet: 11–23 Uhr. Gehobenes Fischrestaurant direkt am Bosporus am Hang unter der zweiten Bosporus-Brücke (Fatih-Brücke). Von der Terrasse bietet sich ein schöner Ausblick auf die gegenüberliegende Osmanenfestung Rumeli Hisarı, sehr gepflegte und üppige Gartenkultur, kurz: ein schöner Platz zum Dinieren.

➲56 [J10] **Yıldızlar** €€, Galata Köprüsü, direkt auf der Galata-Brücke, Tramvay-Haltestelle: Eminönü, geöffnet: 10–22 Uhr. Ein großes Restaurant, dessen größter Vorteil die Panorama-Lage auf der Brücke darstellt. Wem es nur um das Fischbrötchen geht, kann genauso gut die nahe gelegenen osmanisch drapierten Fischverkaufsboote ansteuern.

Weinstuben

🎧57 [J7] **Pano** €€–€€€, Hamalbaşı Cad. 26, nahe Fischmarkt in Beyoğlu (also ungefähr in der Mitte der Istiklal Cad.), Tel. 0212 2926664, geöffnet: 11–1 Uhr. Griechisches Weinlokal mit schöner,

◀ *Optischer Leckerbissen:*
Blick von der Aussichtsterrasse der
Restaurant-Bar 360° (s. S. 34)

rustikaler Einrichtung. An den Stehtischen steht man abends Schulter an Schulter, im Keller darunter befindet sich das Restaurant.

58 [J7] **Viktor Levi Şarap Evi** €€-€€€, Hamalbaşı Cad. 12, neben Pano, Tel. 0212 2496085, geöffnet: 11–1 Uhr. Direkt neben dem Pano und nicht minder attraktiv, ebenfalls im traditionellen Stil eingerichtetes Weinhaus/Restaurant aus dem Jahr 1914.

Cafés und Teegärten (Çay Bahçesi)

59 [C2] **Aziyade (Pierre Loti Café)** €, Idris Köşkü Caddesi, Eyüp, mit dem Schiff von Eminönü nach Eyüp, dann Seilbahn nehmen, Tel. 0212 4971313, geöffnet: 10–23 Uhr. Eines der berühmtesten Cafés Istanbuls mit weitem Blick über das Goldene Horn und das Häusermeer der Stadt.

60 [J9] **Galata Konak Café** €, Haci Ali Sok. 2, unterhalb des Galata-Turms, Tel. 0212 2525346, geöffnet: 10–24 Uhr. Das Café in den oberen Etagen eines alten Hauses ist definitiv ein touristisches Muss! Die Inneneinrichtung ist gediegen-traditionell, die Krönung aber ist die Dachterrasse, die – keine Übertreibung – als einer der besten Aussichtspunkte Istanbuls gelobt werden kann. Bei schönem Wetter ist es aussichtslos, hier einen Platz zu bekommen, es sei denn, man wartet in den unteren Etagen und meldet sich beim Kellner vor ...

61 [L11] **Gülhane Çay Bahçesi** €, Gülhane-Park, Tramvay-Haltestelle: Gülhane, dann durch den Park laufen, am östlichen Ende, geöffnet: 10–20 Uhr. Teegarten mit Samowar-Pflicht und herrlichem Ausblick auf den Bosporus und die asiatische Seite.

ISTANBUL AM ABEND

019lb Abb.: Fk

NACHTLEBEN

Das Nachtleben in Istanbul schillert und glänzt vor allem mit einem Namen: Beyoğlu **18***, gleichbedeutend auch kurz nach dem großen Platz „Taksim" genannt. Auf und in den umliegenden Gassen der Istiklal Caddesi trifft der Besucher auf eine solche Vielfalt an Bars, Kneipen, Discos und Musikbühnen, dass es so manchen Istanbul-Neuling einfach umhauen wird.*

Am Wochenende schallt und dröhnt es aus allen Ecken und Stockwerken, die Massen schieben sich durch die Gassen an voll besetzten Tischen vorbei, alles wogt und redet hin und her. Ein Tipp: Wer es etwas ruhiger und schnuckeliger mag, bevorzugt den Südabschnitt der Istiklal bzw. ihrer

Seitengassen nahe der Tünel-Station. Je mehr man sich dem Taksim-Platz nähert, desto lauter und abgedrehter wird die Show. Wem Beyoğlu insgesamt zu hektisch ist, findet auf der asiatischen Seite in Kadıköy **34** in der Kadife Sokak nette Bars und Bierkneipen, die insgesamt ein studentisch-lockeres Publikum anziehen. Die berühmtesten und teuersten Szene-Discos findet man übrigens nicht in Beyoğlu, sondern am Bosporus nahe Ortaköy **35**

Ruhiger geht es dagegen im alten Zentrum von Sultanahmet zu, wo die meisten Besucher ihr Hotel beziehen. Man verbringt den Abend beim Dinner und abgesehen von einigen wenigen Bars und Cafés kommt man verhältnismäßig schnell zur Ruhe.

Wer sich des Abends in das Nightlife von Beyoğlu stürzt, sollte bedenken, dass Musikkneipen und Discos vor allem am Wochenende **erst ab 22/23 Uhr** zu Hochform auflaufen. Vorher geht man in eine Bar oder in eines der zahlreichen Cafés. Für den Chill-out bieten sich dann nach 2/3 Uhr einige bekannte Klubs an, in denen Nachteulen auf den Sonnenaufgang warten.

Musikkneipen

62 [J8] **Babylon**, Şehbender Sok. 2, in einer kleinen Gasse nahe Tünel-Station, Beyoğlu, Tel. 0212 2927368, www.babylon-ist.com, geöffnet: Beginn am Wochenende meist 22/23 Uhr, werktags ab 19 Uhr, Eintritt: am Wochenende 18–25 €, sonst billiger. Eigentlich nur eine kleine Ziegelsteinhalle mit wenig Sitzgelegenheiten und einer Balustrade, aber das Liveprogramm gehört zum Besten, was Istanbul zu bieten hat. Rock, Jazz, Ethno, Avantgarde usw.: Das Babylon ist die beste Performance-Adresse der Stadt, eine der 10 besten Bühnen der Welt und folglich quasi schon eine Institution. Viele internationale, aber auch türkische Bands. Tickets am Wochenende unbedingt rechtzeitig besorgen, sonst steht man in der Schlange vor der Tür.

63 [L6] **Kemancı**, Sıraselviler Cad. 33, nahe Taksim-Platz, Tel. 0212 2512723, geöffnet: Livevorstellung ab ca. 22/23 Uhr, Eintritt: Fr/Sa ca. 10–15 €, sonst ca. 5 €. Alteingesessene Rock- und Metal-Bar auf drei Etagen, sehr laut, auch wenn in den Livepausen nur die DJs das Zepter schwingen.

▲ *Nachts in Beyoğlu*

◀ *Die berühmte Nachtmeile Nevizade Sokak [K6/7] in Beyoğlu – nachts ist jeder Platz besetzt*

Discos

☺**64** [K6] **Cazgır**, Büyükparmakkapı Sok. 21, nahe Taksim-Platz, geöffnet: 20–6 Uhr. Großer Disco-Klub in einer der lautesten Seitengassen der Istiklal.

☺**65** [K6] **Çınaraltı**, Balo Sok. 16, Seitengasse der Istiklal ın Beyoğlu, geöffnet: 20–2 Uhr. Disco, die ihren Namen – „Unter der Platane" – einem Baum inmitten der Disco verdankt. Laute Popmusik, türkisch-international, meist (sehr) junges Publikum, kein Eintritt, Getränke preiswert.

☺**66** [T3] **Reina**, Muallim Naci Cad. 44, zwischen Ortaköy u. Kuruçeşme, Tel. 0212 2595919, www.reina.com.tr, geöffnet: Mitte Mai bis Mitte Okt. tägl. 19–4 Uhr, Eintritt: Fr/Sa ca. 25 €. Open-Air-Disco mit Restaurant am Bosporus, ein paar Schritte vom Sortie entfernt und ähnlich nobel ausgerichtet.

☺**67** [T2] **Sapphire**, Muallim Naci Cad. 77, zwischen Ortaköy u. Kuruçeşme (s. u. Sortie), Tel. 0212 2593671, geöffnet: Mitte Mai bis Mitte Sept. tgl. 18–2 Uhr, Eintritt: Fr/Sa ca. 25 €. Diesmal nicht am Meer, sondern auf der anderen Straßenseite gegenüber dem Sortie gelegen, mit Blick über den Bosporus. Essen und Getränke in hoher Preislage.

☺**68** [T2] **Sortie**, auch als **Leila** bekannt, Muallim Naci Cad. 54, Ortaköy Richtung Kuruçeşme (kurz hinter der Bosporus-Brücke), nachts per Taxi erreichbar, Tel. 0212 2383000, http://en.sortie.com.tr, geöffnet: Mitte Mai bis Mitte Okt. 18–6 Uhr, Eintritt: Fr/Sa ca. 25 €. Open-Air-Szenedisco direkt am Bosporus – der Top-Szeneladen der Istanbuler „Sosyete" mit entsprechendem Ambiente: Tanzarena unmittelbar am Bosporus, daneben zuschauergerechte Terrassentribünen, auf denen gespeist und voyeuristisch nach VIPs geäugt werden kann. Treffpunkt des Jetsets und all derer, die dazugehören wollen. Stars und Sternchen, Autos und Klamotten posieren hier für die Paparazzis um die Wette. Für ca. 10 € gibts gerade mal ein Bier, das Essen kann leicht das Zehnfache kosten.

Klub-Bars

☺**69** [J7] **360°**, Istiklal Cad. 311, im Mısır-Apartment-Haus, oberste Etage, Tel. 0212 2511042, www.360istanbul.com. Der Name ist Programm: Der Panoramablick aus den großen Glasfenstern von der fünften Etage über die Stadt versüßt tagsüber das Essen und abends die Cocktails. Nobles In-Restaurant (nach Mitternacht Klub, Fr/Sa Disco-Klub) mit gehobenen Preisen.

☺**70** [L7] **5. Kat (Beşinci Kat)**, Soğancı Sok. 7, Taksim, nahe dem Deutschen Krankenhaus (Alman Hastanesi). Wie der Name sagt, befindet sich die Bar im 5. Stock mit fantastischer Aussicht durch die großen Glaswände. Ein bekanntes Nightlife-Highlight: Hier trifft sich alles, was nach 2 Uhr nicht schlafen kann oder will oder auch nur einen letzten Cocktail schlürfen muss. Von 10 bis 2 Uhr gilt es auch als hervorragendes Restaurant mit unschlagbarer Aussichtsterrasse.

☺**71** [K7] **Indigo**, Akarsu Sok. 18, Seitengasse der Istiklal, www.alegria.com, geöffnet: Di–So 18–4 Uhr (von Juni bis Sept. geschl.), Eintritt: am Wochenende ca. 10 €. Disco-Klub mit lateinamerikanischen Tänzen und Shows.

☺**72** [L4] **Lovedancepoint**, Cumhuriyet Cad. 199/B, nördlich des Taksim-Platzes in Höhe des Askeri Müzesi auf der anderen Straßenseite, Eingang in kleiner Seitengasse, Tel. 0212 29633357,

▶ *Folklore-Vorstellung im Orient House*

EINE ORIENTALISCHE NACHT

Für viele Besucher gehört er zum Nimbus von Tausendundeiner Nacht und deshalb liegen Werbezettel zuhauf in fast jedem Hotel: Die Rede ist vom **Bauchtanz,** der die Assoziationen beflügelt und ein fester Bestandteil des Orientbildes ist. So verkündet die Werbung denn auch immer das Gleiche: eine zauberhafte Show mit großem Dinner und folkloristischen Gruppen in prächtigen Kostümen und natürlich – das erotische Sahnehäubchen der Orientvorstellung – mindestens eine oder gleich mehrere „Sultanas", die mehr oder weniger gekonnt den Nabel kreisen lassen.

Der **Ablauf** und das **Ambiente** in den unten genannten **Lokalitäten** - bezeichnenderweise meist in der Nähe großer Hotels - variieren kaum. In einem orientalisch hergerichteten Raum wird zum großen Dinner Folkloristisches geboten. Musiker und Tänzer tragen traditionelle Kostüme, spielen auf einheimischen Instrumenten und führen mehrere farbenfrohe Tänze auf. Der Höhepunkt ist dann das verführerische Erscheinen der bildhübsch herausgeputzten „Sultana".

❼74 *[J8]* **Galata Kulesi,** Büyük Hendek Sokak, Tel. 0212 2938180, www.galatatower.net. Im Aussichtsrestaurant des alten Galata-Turms werden zwischen 20 und 24 Uhr Folklore-, Tanz- und „Haremshows" geboten - danach tanzen dann alle. Gehobenes Ambiente, die nächtliche Aussicht über das Goldene Horn ist phänomenal - die Preise sind es allerdings auch.

❼75 *[I13]* **Orient House,** Tiyatro Cad. 27 (nahe Beyazıt-Platz am President Hotel), Tel. 0212 5173488,

www.orienthouseistanbul.com, geöffnet: 20-24 Uhr. Ein allseits bekanntes Lokal, das in jedem Hotel für sich wirbt und türkische Musik und Folkloredarbietungen inszeniert. De facto handelt es sich um ein großes Restaurant mit zentraler Bühne, auf der jeden Abend Tanz- und Gesangsgruppen in traditioneller türkischer Tracht auftreten. Zusätzlich animieren Bauchtänzerinnen die Gäste, die für den Eintritt 50 (inkl. Getränke) bzw. 75 € (inkl. Essen und Getränke) hinblättern dürfen.

❼76 *[L5]* **Sultanas,** Elmadağ Cumhuriyet Cad. 16/1, nördlich des Taksim-Platzes, Tel. 0212 2193904, www.sultanas-nights.com, geöffnet: 20.30-24 Uhr, Eintritt gestaffelt: 40 € (nur Show), 50 € (mit Getränken), 70 € (inkl. Abendessen und Getränke). Orientalische Dinnershow mit festem Programm, darunter natürlich der obligatorische Bauchtanz und türkische Folkloremusik und -tänze, eingerahmt von einer sogenannten „Haremshow".

022|b Abb.: fk

geöffnet: Mi/Fr/Sa 23.30–4 Uhr, Eintritt: ca. 5 € am Wochenende. Einer der bekanntesten Gay-Klubs der Stadt. Mittwochs gibts Turkpop, am Wochenende dann Party mit der neuesten Klubszenenmusik und namhaften DJs. Der Laden gilt als eine der besten Klub-Adressen.

❼73 [J7] **Wanna**, Meşrutiyet Cad. 69, Beyoğlu (neben dem Pera-Museum), 0212 2431794, Di–Sa 12–4 Uhr. Restaurant und einer der beliebtesten Nightclubs und Bars der Stadt

Jazz

❼77 [J9] **Nardis**, Galata Kulesi Sok. 14 (Straße wird auch Kuledibi Sok. genannt), unterhalb des Galata-Turms, Tel. 0212 2446327, www.nardisjazz.com, geöffnet: Mo–Sa 19–1.30 Uhr, Eintritt: ab ca. 10 €. Ungeachtet des alten Gemäuers ein eher eleganter, distinguierter kleiner Jazzklub, der als einer der besten der Stadt gilt. Unterschiedliche Jazz-Richtungen.

Bars mit türkischer Musik

❼78 [K6] **Boncuk**, Nevizade Sok. 7, Seitengasse der Istiklal nahe Fischmarkt, Tel. 0212 2431219, geöffnet: 12–2 Uhr. Eines der vielen Meyhane-Lokale dieser berühmten Gasse, am Wochenende ist jeder Platz besetzt. Bei *Mezeler* (Vorspeisen) und Rakı beginnen die oft von Zigeunern besetzten Straßenbands spät am Abend zu spielen, wobei dann oft das ganze Lokal mittanzt.

❼79 [K7] **Ekin Türkü Evi**, Büyükparmakkapı Sok. 28, Seitengasse der Istiklal nahe Taksim-Platz, geöffnet: 12–3 Uhr. Wer gerne traditionelle, kurdisch-türkische Livemusik hört und dabei vielleicht auch etwas essen will, der ist hier richtig. (Man frage aber vorher genau, wie teuer das Bestellte sein wird.)

❼80 [K7] **Munzur**, Hasnun Galip Sok. 21/A, Seitengasse der Istiklal nahe Taksim-Platz, geöffnet: 12–2 Uhr. Eine von mehreren Türkü-Bars, die hier in unmittelbarer Nachbarschaft nebeneinander liegen. Das Munzur pflegt kurdische Musiktraditionen, bei denen die Rakı trinkenden Männer schon mal nostalgisch werden, nette Atmosphäre.

❼81 [K7] **Otantik Türlü Bar**, Balo Sok. 1 (3. Stock), Seitengasse der Istiklal Caddesi, geöffnet: 12–2 Uhr. Traditionelle türkische Musik zu annehmbaren Preisen, ruhige Atmosphäre und selten überfüllt.

Bars, Kneipen

❼82 [K7] **45Lik**, Yeni Çarşı Caddesi, etwas unterhalb der Istiklal, geöffnet: 18–2 Uhr. Kellerartige Kneipendisco, die auf populäre (selten harte) Rockmusik orientiert ist. Dementsprechend preiswert ist das Bier (kein Eintritt). Vorwiegend junges, leicht abgedrehtes Publikum, am Wochenende sehr laut und nach 23 Uhr in der Regel rappelvoll.

❼83 [J8] **Badehane**, General Yazgan Sok. 5, nahe Tünel-Station am Anfang der Istiklal Caddesi, geöffnet: 10–2 Uhr. Einfache Kneipe in einer kleinen Gasse im Tünel-Viertel, die tagsüber als Treffpunkt der einheimischen Künstlerszene gilt. Abends oft stimmungsvolle Livemusik unterschiedlicher Richtungen. Viel Geld hat man hier nicht – es gibt Wichtigeres im Leben –, folglich ist die Kneipe billig, aber angesagt. In den umliegenden Gassen liegen noch viele andere sympathische – soll heißen: etwas ruhigere – Kneipen und Cafés.

▶ *Osmanische Folklore ist ein fester Bestandteil der Istanbuler Abendunterhaltung*

◑84 [S17] **Buddha,** Kadife Sok.14, in Kadıköy, geöffnet: 20–2 Uhr, Eintritt: am Wochenende bei Livemusik 3–5 €. Nette Studentenkneipe auf zwei Etagen mit hübschem Garten und gelegentlichen Rock-/Blues-Bands. Preiswert, locker und nicht zu laut.

◑85 [S17] **Karga,** Kadife Sok. 16, in Kadıköy, geöffnet: 11–2 Uhr. Einer der renommiertesten Pubs in Kadıköy. Unten ist es etwas laut, die oberen Etagen sind ruhigeren Kalibers und dienen gelegentlich als Showrooms für Pop-Art. Gemischte Musik und nette Atmosphäre, mäßige Preise.

THEATER UND KONZERTE

Die unten aufgeführten staatlichen Ensembles genießen einen guten Ruf und die Preise der meisten Vorstellungen sind erfreulich niedrig. Der internationale Höhepunkt der Klassikszene ist ohne Zweifel das **Internationale Istanbuler Musikfestival** (s. S. 12). Für europäische Besucher besteht zumindest im Theaterbereich das Problem des sprachlichen Zugangs, Tanz- oder Musikaufführungen dürften hier auf mehr Interesse stoßen.

◑86 [L6] **Atatürk Kültür Merkezi (AKM),** Taksim-Platz, Tel. 0212 2515600, www.idobale.com, Ticketschalter 10–18 Uhr. Kulturell das erste Haus der Stadt und musikalischer Dreh- und Angelpunkt aller klassischen Kulturveranstaltungen. Fünf Konzertsäle und ein Kino. Hier findet die Mehrzahl der klassischen Konzerte, Opern und Balletaufführungen statt und die entsprechenden Ensembles – das staatliche Symphonieorchester (Istanbul Devlet Senfoni Orchestrası), die Staatsoper und das Staatsballet (Istanbul Devlet Opera ve Balesi) – haben hier ihren festen Sitz.

◑87 [M3] **Cemal Reşit Konser Salonu,** Darülbedai Cad. 1 (nördlich des Taksim-Platzes nahe Hilton Hotel), Tel. 0212 2329830, Ticketschalter 10.30–19 Uhr. Das über 800 Gästen Platz bietende Haus verfügt über ein eigenes Symphonieorchest, steht aber auch

anderen Musikgruppen offen und bietet insofern ein kulturell breites Programm zwischen Klassik, religiöser und moderner Musik.

○88 [K7] **Garajiistanbul,** Kaymakam Reşat Bey Sok. 11/A (Seitengasse der Istiklal),

Tel. 0212 2444499. In dem alternativen „Garagentheater" werden moderne bis avantgardistische Schauspiele, Konzerte wie auch Tanzchoreografien aufgeführt – zumindest die Tänze erschließen sich auch ohne Türkischkenntnisse.

ISTANBUL FÜR KUNST- UND MUSEUMSFREUNDE

Istanbuls Kunst- und Museenlandschaft befriedigt keineswegs nur den geschichtsinteressierten Besucher. Vielmehr stellt sie ein zeitlich und kulturell breit gefächertes Spektrum dar, das von der anatolischen bzw. griechischen Antike über das byzantinische Mittelalter sowie die osmanische Neuzeit bis zur säkularen Gegenwart reicht. Sie ist folglich ein Spiegel der interkulturellen Grenzlage der Stadt und somit eine spannende Begegnungsstätte sich bekämpfender wie aber auch befruchtender Kulturen.

MUSEEN

Die Eintrittspreise sind erfreulicherweise – bis auf die wenigen Ausnahmen der Topmuseen – sehr moderat. Dem Istanbul-Neuling soll die folgende Liste die unumgängliche Auswahl nach persönlichen Interessensschwerpunkten erleichtern, wobei selbstredend nur die wichtigsten Museen berücksichtigt werden können.

❹ [K12] **Archäologisches Museum.** Umfangreiche Antikensammlung, zu deren Höhepunkten u. a. der berühmte „Alexandersarkophag" und der „Sarkophag der klagenden Frauen" zählen.

🏛89 [L4] **Askeri Müzesi,** Valikonağı Cad. 2, Harbiye, Levent-Metro von Taksim, Haltestelle: Osmanbey, geöffnet: 9–17 Uhr (Mo/Di geschl.), Eintritt: 1,50 €. Das Militärmuseum in der riesigen Anlage der ehemaligen Militärakademie zeigt

neben unzähligen Waffen und Uniformen des 13. bis 20. Jh. auch die prächtigen Feldzelte der Sultane und informiert über die Militärgeschichte des osmanischen Reichs. Höhepunkt ist der Aufmarsch der Mehter-Musiker in der Aula (15–16 Uhr), jener Militär- und Marschmusik, die der Elite-Truppe der Janitscharen oblag und in ihren Kostümen vorgeführt wird.

❸❾ [U4] **Beylerbeyi-Palast.** Prachtvolle Residenz und Gästehaus der späten osmanischen Sultane.

❷❾ [D7] **Chora-Kirche.** Die beeindruckenden spätbyzantinischen Mosaiken und Fresken gehören zur kunstgeschichtlichen Periode der Vorrenaissance und stellen einen Höhepunkt des christlichen Kunstschaffens im Osten dar.

🏛90 [O5] **Deniz Müzesi,** Hayrettin Paşa Iskelesi Sok. 1, direkt an Haltestelle Beşiktaş, von Kabataş z. B. Buslinie 22 oder 25, von Taksim z. B. 25T, geöffnet: Mi–So 9–12.30 und 13.30–17 Uhr, Eintritt: 2,50 €. Das Marinemuseum informiert über die türkische Seefahrt und beherbergt neben den Prunkschiffen des Sultans u. a. die Standarte des

Museen, die mit einer magentafarbenen Nummer (❹) als Hauptsehenswürdigkeit ausgewiesen sind, werden im Kapitel „Istanbul entdecken" ausführlich beschrieben. Dort finden sich auch alle praktischen Informationen wie Adresse, Öffnungszeiten usw.

berühmten osmanischen Großadmirals Hayrettin Barbarossa.

🏛91 [J8] **Divan Edebiati Müzesi**, Galipdede Cad. 15, Anfang Istiklal nahe Tünel-Station, geöffnet: wurde z. Zt. der Recherche restauriert. Das ehemalige Derwisch-Kloster (Mevlei-Kloster) erinnert an die berühmten Tanzenden Derwische und ihre mystische Gottesversenkung im Tanz. Derwischtanzaufführungen *(Sema)* sollen nach der Restaurierung regelmäßig stattfinden (ca. 20 €).

㉒ [N5] **Dolmabahçe-Palast.** Der prunkschwere, dekadente Sultanspalast des späten 19. Jh. unmittelbar an den Ufern des Bosporus gehört zu den touristischen Höhepunkten der Stadt.

❶ [K12] **Hagia Sophia.** Das berühmteste Sinnbild des christlich-byzantinischen Konstantinopel. Ursprung und Vorbild der Zentralkuppel-Architektur sowie Ort einiger berühmter byzantinischer Mosaiken.

🏛92 [F5] **Industriemuseum (Rahmi Koç Müzesi)**, Hasköy Cad. 27, Schiff von Eminönü: Haltestelle Hasköy aussteigen, alternativ Bus 46 von Eminönü, vom Taksim-Platz Bus 54HT (halten beide am Museum), geöffnet: Di – Fr 10 – 17, Sa/So 10 – 19 Uhr, Eintritt: 5 €. Beliebtes, weitläufiges Technikmuseum am Ufer des Goldenen Horns. Das über einen Hektar große Werftgelände am Goldenen Horn dient als Freilichtmuseum für Eisenbahnen, Flugzeuge und sogar ein U-Boot von 1944. In den Hallen stehen u. a. Oldtimer-Karossen, alte Straßenbahnen und der prachtvolle Eisenbahnwaggon, mit dem Sultan Abdülaziz 1867 Kaiser Napoleon II. in Paris besuchte.

㉑ [L8] **Istanbul Modern.** Avantgardistisches Museum der modernen türkischen Kunst mit festen wie auch temporären Ausstellungen.

❸ [L11] **Kanonentor-Palast.** Das größte und teuerste Museumsareal der Stadt mit vielfältigen kulturellen wie religiösen Exponaten. Berühmt vor allem aufgrund der Preziosen seiner Schatzkammer und der prachtvollen Räume seines geheimnisumwobenen Harems.

❽ [K13] **Mosaikenmuseum.** Das kleine Museum umfasst mit seinem Fußbodenmosaik einen der wenigen Reste des oströmisch-byzantinischen Kaiserpalastes.

❼ [J13] **Museum für türkische und islamische Kunst.** Das in einem sehenswerten Wesir-Palast untergebrachte Museum informiert über die Kunstgeschichte der verschiedenen islamischen Hochkulturen, darunter natürlich der Osmanen und ihrer seldschukischen Vorgänger.

⓳ [J7] **Pera-Museum.** Im Jahr 2004 eröffnetes Museum mit wechselnden und festen Ausstellungen zur neueren wie auch modernen Kunst- und Kulturgeschichte.

㊳ [Karte S. 143] **Sadberk-Hanım-Museum.** Sehenswerte private Antikensammlung im nördlichen Bereich des Bosporus.

㊲ [Karte S. 143] **Sakıp-Sabancı-Museum.** Das stilvolle Villenmuseum mit herrlicher Gartenterrasse an den Ufern des Bosporus beherbergt wertvolle Korankalligrafien und wechselnde Ausstellungen moderner Kunst.

🏛93 [P2] **Yıldız Şale**, Yıldız Korusu (Yıldız-Park), Bus wie Yıldız Sarayı, aber Haltestelle Yıldız Korusu hinter Beşiktaş, dann durch Park laufen, geöffnet: 9.30 – 17 Uhr, Mo/Do geschl., Eintritt: 2,50 €. Prachtvolles Sultans-Chalet aus dem 19. Jh. im weitläufigen Yıldız-Park, wo namhafte Staatsgäste wie Kaiser Wilhelm II. und de Gaulle logierten.

🏛94 [P3] **Yıldız Sarayı ("Sternenpalast")**, Ihlamur Yıldız Caddesi, Stadtteil Beşiktaş, von Kabataş z. B. Buslinie 22 o. 25, von Taksim z. B. 25T bis Beşiktaş, dann Barbaros Bulvarı hochlaufen, geöffnet: 9.30 – 16.30 Uhr, Di geschl., Eintritt: 2,50 €. Der letzte Palast der Osmanen am Ende des 19. Jh. war das entrückte Zuhause des despotischen und misstrauischen Sultans

■ EUROPÄISCHE KULTURHAUPTSTADT UND EIN NOBELPREISTRÄGER

*Im Jahr 2010 feierte die Stadt am Bosporus zusammen mit Essen (Ruhrgebiet) und dem ungarischen Pécs ihren Status als **Europäische Kulturhauptstadt** - eine im Fall von Istanbul durchaus selbstverständliche und längst überfällige Ehrung, war die Stadt doch jahrhundertelang ein Zentrum europäischer Kulturgeschichte. So enthusiastisch die Metropole diese Preisverleihung auch durch viele künstlerische Projekte annahm, so verkürzt wirkt doch das Adjektiv „europäisch", denn die Stadt auf zwei Kontinenten bildet im buchstäblichen Sinne Brücken zwischen Orient und Okzident, sodass der Titel einer „Weltkulturhauptstadt" ungleich stichhaltiger erschiene. Auch die in die Liste des UNESCO-Weltkulturerbes aufgenommenen Teile der Altstadt (Hagia Sophia, Kanonentor-Palast, Chora-Kirche, Theodosianische Stadtmauer, Süleymaniye- und Sultan-Ahmet-Moschee) betonen die **interkulturelle Brückenfunktion** der Stadt.*

*Dazu passt, dass der wohl berühmteste türkische Künstler der Gegenwart, der Schriftsteller **Orhan Pamuk** (*1952), in vielen seiner Werke immer wieder der vielschichtigen Identität nicht nur der Stadt, sondern der Türkei im Ganzen nachspürt. Pamuk, in Istanbul geboren, wurde 2006 mit dem **Literaturnobelpreis** geehrt. In seiner Dankesrede verwies er zum wiederholten Male auf die Bedeutung der Stadt für sein Schaffen, die in seinen Werken als Vexierbild zwischen Orient und Okzident dient. Diese Zwischenstellung hat dem Schriftsteller, dem aufgrund kritischer Äußerungen u. a. zu den Deportationen der Armenier im 1. Weltkrieg sogar der Vorwurf einer „Beleidigung des Türkentums" gemacht wurde (Prozess wurde 2006 eingestellt), in der Türkei keineswegs nur Freunde beschert. Pamuk, so argwöhnen nicht wenige Nationalisten wie Konservative, betreibe eine zu starke Anbiederung an den „Westen".*

Abdülhamit II. Zu sehen sind die Räume und das Mobiliar, das von Abdülhamit – er war ein guter Tischler – teilweise selbst entworfen wurde.

KUNSTGALERIEN

Im Stadtteil Beyoğlu sei hier vor allem auf das Artrium (s. S. 20) und das nahe Beşiktaş liegende Antik A.Ş. (s. S. 21) hingewiesen. In Sultanahmet können Kunstinteressierte zudem nach Anregungen in folgenden Geschäften suchen:

☎95 [K13] **Constantine Art Gallery,** Tevkifhane Sok. 16/1, unweit der Hagia Sophia, www.constantineartgallery.com, Tel. 0212 5186697. Die auf moderne türkische Artefakte spezialisierte Kunstgalerie präsentiert vor allem Gemälde und Skulpturen zeitgenössischer türkischer Maler bzw. Künstler. Hinzu kommen kunsthandwerkliche Arbeiten wie z. B. eine Schmuckkollektion und gelegentliche Ausstellungen.

☎96 [I12] **Sofa Art and Antique,** Nuruosmaniye Cad. 53/A, nahe dem Großen Bazar, www.kashifsofa.com, Tel. 0212 5202850. Eine gute Adresse, um nach Antiquitäten (Kalligrafien, Gemälde, Keramik- und Schmuckarbeiten) zu stöbern.

ISTANBUL ZUM TRÄUMEN UND ENTSPANNEN

Istanbul ist weit hektischer, voller und lauter als jede vergleichbare europäische Großstadt. In den Gassen schieben sich die Massen, der Verkehr erscheint chaotischer. Die ständige Reizüberflutung durch die Straßenszenerie und die dichte Bebauung der Millionenmetropole stellen für viele Besucher Stressreize dar, deren Bewältigung Pausen unumgänglich macht. Oasen der Ruhe im Getümmel gibt es zwar, doch muss man wissen, wo sie sich befinden.

Sultanahmet – im Allgemeinen das erste Ziel ausländischer Besucher – bietet zwischen Hagia Sophia ❶ und Sultan-Ahmet-Moschee ❷ zwar eine kleine Park- bzw. Grünanlage, aber ein Ort der Erholung ist dies aufgrund zahlreicher Touristen und ihnen folgender Verkäufer aller Art kaum. Weit besser zum Verschnaufen eignet sich da schon der unterhalb der Hagia Sophia liegende weitläufige **Gülhane-Park** (s. S. 69), gleichsam die grüne Lunge der Altstadt, von dessen **Teegärten** man einen herrlichen Ausblick über den Bosporus genießt.

Kaum zu glauben, aber wahr: Selbst das geschäftige Beyoğlu bietet nur wenige Meter von der Istiklal-Straße entfernt Inseln der Entspannung. Der aus dem Jahre 1871 datierende **Laubenhof der Hazzopulo Pasajı** steht in angenehmem Kontrast zur Fließgeschwindigkeit der Istiklal. Natürlich stehen auch hier Teegärten zur Verfügung. Wer völlige Ruhe will, rettet sich auf den **Kirchhof der Agia-Triada-Kirche**, dessen Entrücktheit und Leere angesichts des nahe gelegenen brodelnden Taksim-Platzes geradezu surreal wirkt.

▲ *Wasserspiele im Gülhane-Park*

★ 97 [J7] **Hazzopulo Pasajı,** Istiklal Cad. 216/218, Eingang durch Verkaufspassage

★ 98 [L6] **Agia-Triada-Kirche,** Meselik Sokak, Anfahrt über Taksim-Platz

Auf der asiatischen Seite laden die sonnenbeschienenen **Promenaden-cafés zwischen Üsküdar und Salacak** (gegenüber dem kleinen Inselfelsen des „Leanderturms", s. S. 99) zur Pause ein. Hier sitzt man bequem auf Teppichen an den Stufen der Promenade und träumt den Schiffen hinterher. Auch die lange **Promenade in Kadıköy** ③④ und der darüberliegende **Teegarten von Moda** (Moda Çay Bahçesi) gehören – nicht nur für Pärchen – zu den beliebten Traumtreffpunkten der Stadt.

Bei schönem Wetter lohnt sich der **Halbtagesausflug auf den „großen Pinienberg" (Büyük Çamlıca).** Der 267 m hohe Hügel liegt rund 4 km nordöstlich von Üsküdar und ist selbst von europäischer Seite leicht an den vielen Rundfunk- und Fernsehantennen auszumachen. Trotz dieser von unten wenig ansprechenden Silhouette bietet der von einem Parkgelände umgebene Gipfel eine **weite Aussicht** über das Häusermeer der Stadt. Nach Norden kann man bei klarem Wetter bis zum Schwarzen Meer, gen Süden bis zu den Prinzeninseln blicken. Ein großes **Café- und Picknickgelände** mit touristisch voll ausgebauter Infrastruktur sorgt für Erholung.

❯ zunächst mit dem Schiff nach Üsküdar, dann am besten Taxi nehmen (ca. 8 €)

Eine klassische Möglichkeit der Entspannung ist der Besuch eines **Hamam** (türkisches Bad). Hier eine kleine Auswahl empfehlenswerter Badehäuser:

EXTRATIPP

Hinweg von allen ...
Einsamkeit ist in Istanbul ein seltenes Gut. Aber wer in Sultanahmet sein Hotelfrühstück verschlafen hat und in einem ruhigen Café nebst idyllischem Garten sich erst mal sortieren will, findet hinter der Hagia Sophia **im grünen Hof des Yeşil Ev Hotels** (Kabasakal Cad. 5, www.istanbulyesilev.com) das ideale Ambiente, um den Tag gepflegt und in Ruhe zu beginnen. Für ein Nickerchen unter freiem, aber beschattetem Himmel bieten sich die schönen baumgeschützten Rasenflächen des bereits genannten **Gülhane-Parks** (s. S. 69) an. Oder man nimmt einen kompletten Aus-Tag von der Hektik und setzt sich ins Schiff zu den **Prinzeninseln** ④⓪ (möglichst nicht am Wochenende!), wo man autofrei in Pinienhainen Luft tanken kann.

🅢 99 [J12] **Çağaloğlu Hamamı,** Prof. Kazım Ismail Gürkan Cad. 34, www.cagalogluhamami.com.tr, geöffnet: Frauen tägl. 8–20 Uhr, Männer tägl. 7–22 Uhr, ab 20 €, Komplettservice 40 €, „Sultansbad" 55 €. Das wohl berühmteste und renommierteste Bad Istanbuls, 1741 erbaut.

🅢 100 [J12] **Çemberlitaş Hamamı,** Vezirhan Caddesi 8, www.cemberlitas hamami.com.tr, geöffnet: tägl. 6–24 Uhr, ab 20 €. Prachtvolles, 1584 erbautes Hamam.

🅢 101 [K7] **Galatasaray Hamamı,** Turnacıbaşı Sok. 24 (nahe Istiklal Caddesi), geöffnet: Männer tägl. 6–22 Uhr, Frauen tägl. 8–20 Uhr, ca. 25 € inkl. Massage. Historisches Hamam (seit 1481) in Beyoğlu.

AM PULS
DER STADT

003ib Abb.: fk

DAS ANTLITZ DER METROPOLE

Istanbul ist die einzige Stadt der Welt, die auf zwei Kontinenten, Asien und Europa, liegt. Das allein rechtfertigt natürlich noch lange nicht das Urteil Alexander von Humboldts, der – wie übrigens auch viele andere – die Stadt als die „schönste der Welt" bezeichnete. Es ist vielmehr die einmalige Parallelität und Überfülle eines topografischen, historischen und nicht zuletzt kulturellen Reichtums, der die uralte Metropole insgesamt zu einem der – wie es der deutsche Architekt Bonatz ausdrückte – „märchenhaftesten Plätze der Welt" macht.

Nähert man sich Istanbul von oben, gleichsam im Anflug aus der Karten- oder Vogelperspektive, so erkennt man sofort die geografische Besonderheit der Stadtanlage. Das wichtigste strukturierende Moment ist dabei in erster Linie das **Meer**, welches die Metropole in drei Teile gliedert.

Im Süden erstreckt sich das relativ breite Becken des **Marmarameers** *(Marmara Deniz),* dessen nördlicher Ausgang die flusslaufschmale Meerenge des **Bosporus** *(Boğazıcı)* darstellt. Diese rund 30 km lange, nur zwischen 660 und 3300 m breite Meeresfurt, die das Marmarameer mit dem **Schwarzen Meer** *(Kara Deniz)* verbindet, stellt die **Grenzlinie zwischen den Kontinenten** dar: im Westen Europa, im Osten Asien.

Genau an der Stelle, wo der Bosporus beginnt, zweigt westlich – also auf europäischer Seite – eine weitere, etwa 11 km lange Meeresbucht ab, das berühmte **Goldene Horn** (türk.: *Haliç*).

Zwischen dem Goldenen Horn, dem Bosporus und dem Marmarameer schiebt sich von Westen eine **Halbinsel** ins Wasser: der Kern des alten Istanbul. Vor über 2500 Jahren legten die Griechen auf dem Hügel dieser Halbinsel die Grundmauern ihrer Burg (Akropolis), die schon bald nach ihrem legendären Führer Byzas **Byzanz** genannt wurde. Heute liegen hier die historischen **Stadtteile Eminönü** ⑯ und **Sultanahmet** mit dem alten Sultanspalast Topkapı ❸, der Hagia Sophia ❶ und der Sultan-Ahmet-Moschee ❷. Auf der anderen Seite des Goldenen Horns liegt der zweite, erst später besiedelte Stadtbereich, das heutige **Beyoğlu** ⑱.

Diesen beiden Bereichen gegenüber – also jenseits des Bosporus bzw. Marmarameers auf der asiatischen Seite – liegt die dritte Stadtmasse: die heutigen Bezirke **Kadıköy** ㉞ und **Üsküdar** ㉝. Die Stadt wird also dreifach vom Wasser gegliedert – oder soll man den Spieß umdrehen: ein Meer, das an drei Seiten von einer Stadt umfasst wird?

Verzichten wir auf die Lösung dieser verwirrenden perspektivischen Frage und gehen wir auf der europäischen Seite an Land. Mühselig bergan steigend erkennt man schnell den durch viele Erhebungen geprägten **Hügelcharakter** der Stadt. Denn hinter der Akropolis der Griechen folgt westwärts entlang des südlichen Goldenen-Horn-Ufers ein Hügel dem anderen. Die **„Stadt der sieben Hügel",**

▶ *Blick vom Galata-Turm* ⑰ *in die Gassen Karaköys*

◀ *Vorseite: Das „Denkmal der Republik" („Cumhuriyet Anıtı") am Taksim-Platz [L6] erinnert an die Gründung der Türkischen Republik*

so wird Istanbul in Anlehnung an die historische Weltstadt-Konkurrentin Rom auch gerne genannt.

In der Antike wurden diese Hügel nach der Erhebung zur Hauptstadt des Römischen Reiches durch Konstantin den Großen dann schnell besiedelt und der Nachfolger Theodosius schloss das Stadtareal im Westen durch die berühmte Theodosianische Landmauer **30** ab. Die so erweiterte Altstadt südlich des Goldenen Horns hieß nun nach ihrem Zweitgründer **Konstantinopel**. Ihre ideale Lage zwischen dem Mittel- und Schwarzen Meer einerseits und den Handelsstraßen Europas und Asiens andererseits ließ sie für Jahrhunderte zur **reichsten Stadt Europas** und zur Herrin des europäischen Orienthandels (Levante) aufsteigen. Noch die viel später anrückenden Osmanen sprachen von ihr als „Goldenem Apfel". Unter osmanischer Herrschaft erfuhr die Stadt als multikulturelles Zentrum eine weitere Blütezeit – hier lebten Griechen, Juden, Armenier und Türken in oft

eigenen Stadtteilen nebeneinander, bis dann der aufkommende Nationalismus nach dem 1. Weltkrieg nicht nur das Ende der Osmanen, sondern auch das Ende ihres multikulturellen Vielvölkerstaats einleitete.

Natürlich ist Istanbul – so der offizielle dritte Name der Stadt seit 1930 – nicht nur alt: Ab den 60er-Jahren des 19. Jh. ergossen sich Jahr für Jahr Heerscharen an anatolischen Arbeitssuchenden in die Stadt. Und die meisten von ihnen kamen und kommen nachts, wenn Istanbul schläft: „Geçekondu" („über Nacht erbaut") heißen die **Barackensiedlungen**, die der Stadt den Atem nehmen. Nach einem alten islamischen Rechtssatz darf niemandem das Dach über dem Kopf genommen werden – wenn es erst einmal steht. So kommen die Männer zuerst, des Nachts die Baracke errichtend – Frauen und Kinder folgen später dem Mann ins neue „Stadtteildorf" *(-köy)*. Die Stadt aus tausend Dörfern explodiert, im Osten wie im Westen fallen Strände und

O25ib Abb.: fk

Die erste **transkontinentale Brücke**, die Boğaziçı Köprüsü, überspannt als eine der längsten Hängebrücken der Welt die Meeresfurt zwischen Asien und Europa. Die zweite, die Mehmet Fatih Köprüsü, folgt 1988. Eine dritte ist geplant und ein interkontinentaler Tunnel bereits im Bau. Tagsüber arbeitet man in Europa, nachts schläft man in Asien – oder umgekehrt.

Die heute wie damals schönste Form der Annäherung an die Stadt ist sicherlich das Schiff: Wer die alte Akropolis der Griechen umfährt, um in das Goldene Horn einzuschwenken, stellt fest, dass sich auf jedem Hügel ein scharf konturiertes Gebäude in den Himmel streckt. Es sind die größten und berühmtesten **Moscheen** der Stadt, die sogenannten Sultansmoscheen, darunter auch die Süleymaniye ⓭.

Es ist diese von Pfeilern und Kuppeln bestimmte Silhouette, die **Mischung aus Hügel-Topografie und Architektur,** welche die Skyline Istanbuls zu einem ästhetisch unvergesslichen Erlebnis macht. Fahren Sie nur ja recht oft mit dem Schiff von Asien nach Europa – am besten bei Sonnenuntergang – und genießen Sie dieses weltweit einzigartige, märchenhafte Panorama aus Kunst und Natur.

Hügel den Barracken zum Opfer, um später dann zu Häusern veredelt zu werden. 100 km misst die Stadt in ihrer West-Ost-Ausdehnung, 20 km sind es nur von Nord nach Süd, denn hier begrenzen zwei Meere den Zuzug der Hoffenden. Und in diesen Raum drängen sich offiziell 12 Millionen, inoffiziell aber wohl eher 17 Millionen Menschen – so genau weiß das niemand.

Fährt man mit dem Schiff durch das Marmarameer Richtung Süden zu den Prinzeninseln ⓵⓪, so zieht sich eine nicht enden wollende weiße Linie von Häusern die asiatische Küste entlang: erst Kadıköy, dann Kalamış, dann Fenerbahçe, dann Bostancı, dann … Es nimmt kein Ende. Die weiße Linie kriecht die kahlen Hügel empor, läuft weiter über den Horizont, selbst wenn man bereits auf den Hügeln der Prinzeninseln angekommen nach ihrem Ende Ausschau hält. Und längst sind diese **asiatischen Vororte** zu modernen Stadtteilen geworden. Kilometerlang erstreckt sich der mondäne, eher amerikanisch denn türkisch wirkende Boulevard Bağdat Caddesi mit seinen Malls und Modegeschäften nach Südosten. Und 1973 erfährt auch die bisher unberührte Skyline des Bosporus eine spektakuläre Veränderung:

◀ *Die Strände der Prinzeninseln ⓵⓪ bieten Erholung von der lauten Metropole*

VON DEN ANFÄNGEN BIS ZUR GEGENWART

Istanbul ist eine der ältesten Städte Europas. Fast 1600 Jahre lang war sie unter dem Namen Konstantinopel die Hauptstadt zweier Kaiserreiche, von denen das erste über 1000 und das zweite immerhin noch fast 500 Jahre andauerte – ein imperialer Zeitraum, den keine andere Stadt der Welt, selbst Rom nicht, für sich verbuchen kann.

Die Geschichte der Stadt lässt sich grob in vier große historische Epochen einteilen. Rund 1000 Jahre stellt die Stadt unter ihrem ersten Namen **Byzanz** eine der vielen **Griechenstädte** des Mittelmeerraums dar. Typisch für diese Zeit ist der Polis-Charakter der Stadt, d. h. die autonome Selbstverwaltung, auch wenn ihre geschickten Diplomaten gegen die ein oder andere äußere Macht immer wieder Konzessionen machen müssen. Das gilt auch für das römische Imperium, das seit dem 2. Jh. v. Chr. die Mittelmeerwelt beherrscht.

Im Jahre 330 macht der römische Kaiser Konstantin der Große (306–337) die Stadt am Bosporus zu seiner Hauptstadt – dem alten heidnischen Rom soll nun ein **christliches „neues" Rom** folgen. Bis 1453, also über 1100 Jahre, bleibt die Stadt des Konstantin, Konstantinopel, die Hauptstadt der **oströmisch-byzantinischen Kaiser.** Vor allem während der ersten 700 Jahre stellt die Stadt die mächtigste und reichste Metropole des mittelalterlichen christlichen Europa dar. Der hier residierende Patriarch ist – unter der Ägide des byzantinischen Kaisers – das Haupt der sich zunehmend von Rom trennenden orthodoxen Kirche. An den imposanten Mauern der Stadt brechen sich auch zunächst die Angriffswellen

des Islam, der seit dem 8. Jh. im Mittelmeerraum auf dem Vormarsch ist. Erst das Auftreten der Türken im 11. Jh. bringt das byzantinische Reich in die Defensive.

Der Kaiser muss den Papst um Hilfe bitten, der zur Unterstützung **Kreuzzüge** gegen den Islam ausruft (ab 1096). Im Zuge dessen erstarken auch die italienischen Handelsstädte Venedig und Genua, die zunehmend den Byzantinern den lukrativen Levante-Handel zu entreißen suchen. Auf dem 4. Kreuzzug (1202/04) erobern die Kreuzritter unter Führung des venezianischen Dogen Enrico Dandolo die Stadt und plündern sie. Von diesem Aderlass wird sich das christliche Konstantinopel nie wieder erholen, auch wenn es den byzantinischen Kaisern 1261 gelingt, das Intermezzo eines „lateinischen Kaiserreichs" in Konstantinopel wieder zu beenden. Das Reich sinkt zunehmend zu einem von Feinden umzingelten Stadtstaat ab, der – trotz kunsthistorischer Nachblütezeiten („Palaiologische Renaissance" in der Chora-Kirche 🟠) – am 29. Mai 1453 von den osmanischen Türken erobert wird.

Mit der **Eroberung durch die Osmanen** beginnt der dritte epochale Abschnitt der Stadt, die in der Folge eine multikulturelle neue Blütezeit erlebt. Armenier, Perser, Juden, Griechen und andere wirken in der nun islamischen Kaiserstadt, die Baukunst gewinnt mit Sinan einen imperialen Meisterarchitekten und das Osmanische Reich, stärkste Militärmacht des 15. Jh., erstreckt sich von den Grenzen Österreichs bis zum Persischen Golf über drei Kontinente. Erst mit dem Erstarken der modernen europäischen Wissenschaften gelingt seit dem 18. Jh. die allmähliche Zurückdrängung der Osmanen, die neben den äußeren Feinden – allen voran Russland – zunehmend auch die nationalistischen Unabhängigkeitsbewegungen ihres Vielvölkerstaates zu bewältigen haben.

Nach dem Ende des 1. Weltkriegs, den die Osmanen an der Seite Deutschlands verlieren, wandelt Kemal Atatürk das Land durch eine Kulturrevolution in eine nach westlichen Prinzipien aufgebaute **säkulare Republik** um. Sultan und Kalif werden abgesetzt und müssen das Land verlassen. Das Land definiert sich – völlig im Gegensatz zu den Osmanen – als türkischer Nationalstaat. Es kommt zu einem Bevölkerungsaustausch mit Griechenland: Türken verlassen griechisches Territorium, Griechen die türkischen Staatsgebiete. Erst jetzt wird Istanbul – seit 1930 gilt der Name auch offiziell – eine vorwiegend türkische Stadt, zumal seit der Mitte des 19. Jahrhunderts die

Landflucht einsetzt und anatolische Zuwanderer die Stadtteile bevölkern und erweitern. Seinen jahrhundertealten Status als Hauptstadt muss Istanbul mit der Republikgründung an Ankara abtreten, obgleich die explodierende Metropole mit Abstand kulturell wie wirtschaftlich die größte und wichtigste Stadt der modernen Türkei bleibt.

GESCHICHTSDATEN IM ÜBERBLICK

Byzantion – Frühgriechische Zeit

675 v. Chr.: Nachdem neolithische und bronzezeitliche Siedlungen in den vorhergehenden Jahrtausenden kaum Spuren hinterlassen haben, gründen dorische Griechen aus Megara die Siedlung Chalcedon (heute das Stadtviertel Kadıköy **34**).

660/658 v. Chr.: Eine zweite megarische Siedlung entsteht unter dem Führer Byzas auf dem ersten Hügel der Stadt (Akropolis, ungefähr das Gebiet des heutigen Kanonentor-Palastes **3**). Die Stadt erhält nach ihrem Führer den Namen Byzantion.

546 v. Chr.: Die mittlerweile prosperierende Handelsstadt unterstellt sich dem persischen Großkönig.

512 v. Chr.: Perserkönig Dareios I. erobert die Stadt und überquert dank einer Pontonbrücke den Bosporus.

479. v. Chr.: Der Spartanerkönig Pausanias befreit die Stadt von der persischen Herrschaft.

026ib Abb.: fk

◀ *Blick auf Fener* **23**, *einem der besonders malerischen Altstadtbereiche Istanbuls*

279/278 v. Chr.: Die keltischen Galater plündern die Stadt.

2. Jh. v. Chr.: In den Makedonenkriegen stellt sich die Stadt auf die Seite des aufstrebenden Rom, was ihr in den nächsten Jahrhunderten eine weitgehende Autonomie sichert.

192–196: Im römischen Thronfolgestreit hält Byzanz zu dem Thronanwärter Pescennius Niger. Dessen Konkurrent Septimius Severus lässt die Stadt belagern und plündern.

Konstantinopel – Byzantinisches Reich

330: Der römische Kaiser Konstantin der Große (reg. 306–337) macht Byzanz zur Hauptstadt des Römischen Reichs. Er baut die Stadt, die bald seinen Namen erhält, zu einem „neuen, christlichen Rom" aus.

395: Kaiser Theodosius I. (reg. 378–95) bestimmt für seine Söhne Arkadius und Honorius die Teilung des Römischen Reichs. Konstantinopel wird unter Kaiser Arkadius die Hauptstadt Ostroms.

408–450: In der Regierungszeit von Theodosius II. werden unter dem Druck der Goten- und Hunneneinbrüche im Norden neue Befestigungsmauern errichtet: die noch heute teilweise erhaltenen Land- und Seemauern **30** .

476: Mit dem Ende des Weströmischen Reichs ist der oströmische Kaiser die herausragende christliche Machtfigur der Spätantike.

527–565: Während der Regierungszeit Justinians I. wird Konstantinopel zur glänzendsten Metropole der damaligen christlichen Welt. Nach der Niederwerfung des Nika-Aufstandes (532) lässt der Kaiser die Hagia Sophia **❶** erbauen.

674–678: Die muslimischen Araber belagern erstmalig die Stadt. Dabei fällt der Legende nach der Bannerträger des Propheten, Ayyub al Ansari (Grab im heutigen gleichnamigen Ortsteil Eyüp **24**).

717/718: Die arabische Flotte wird bei einer zweiten Belagerung erneut vernichtet.

8./9. Jh.: Innen- und außenpolitische Krisen: Im Jahr 813 belagern Bulgaren die Stadt, von 726 bis 843 tobt der sogenannte „Bilderstreit" (Ikonoklasmus), in dem es um die Abbildung von Heiligen in Kirchen geht. Pestepidemien schwächen die wirtschaftliche Kraft des Reiches.

10./11. Jh.: Allmähliche Erholung unter der Makedonen-Dynastie (867–1055). Russen (941), Araber (944) und Bulgaren (1014) werden abgewehrt, das Reich erholt sich wirtschaftlich und kulturell.

1054: Nach einem Streit zwischen dem Patriarchen von Konstantinopel und dem römischen Papst trennen sich die griechisch-orthodoxe und römisch-katholische Kirche (Morgenländisches Schisma).

1071: In der Schlacht von Mantzikert (Ostanatolien) werden die Byzantiner von den islamischen Seldschuken unter ihrem Führer Alp Arslan geschlagen. Byzanz verliert Kleinasien an die seldschukischen Türken.

1202/04: Auf dem 4. Kreuzzug erstürmen die Kreuzritter unter Führung des venezianischen Dogen Enrico Dandolo die Stadt und plündern sie. Es kommt zur Errichtung des Lateinischen Kaiserreichs (1204–1261), in dem „lateinische" Mächte – Venedig, Genua, Franken u. a. – die Herrschaft ausüben.

1261: Dem byzantinischen Kaiser Michael VIII. Palaiologos gelingt die Rückeroberung der Stadt.

14. Jh.: Trotz einer kulturellen Spätblüte unter den Palaiologen-Kaisern schrumpft das von allen Seiten bedrohte Reich immer mehr auf die Größe eines Stadtstaates zusammen. Die lateinischen Seemächte Venedig und Genua reißen den Levante-Handel an sich. In Kleinasien setzen sich die osmanischen Türken fest, denen der byzantinische Kaiser am Ende des Jahrhunderts Tribut zahlen muss.

027ib Abb.: fk

Konstantinopel/Istanbul – Osmanisches Reich

29.5.1453: Unter Sultan Mehmet Fatih erobern die Türken nach mehrwöchigem Mauerkampf die Stadt. Der letzte byzantinische Kaiser fällt, die Hagia Sophia wird in eine Moschee umgewandelt.

1492: Die osmanischen Sultane betreiben aktiv den Wiederaufbau ihrer neuen Hauptstadt. Sultan Beyazıt siedelt aus Spanien vertriebene Juden in Balat **㉓** an.

1517: Nach der Eroberung Ägyptens und der heiligen Städte Mekka und Medina lässt Sultan Selim I. (reg. 1512–20) die Kalifenwürde auf die osmanischen Sultane übertragen.

1520–1566: Regierungszeit Sultan Süleymans des Prächtigen und Blütezeit des Osmanischen Reiches. Die Stadt gehört zu den reichsten und prächtigsten Metropolen der Welt. Der größte Baumeister der Osmanen, Koca Mimar Sinan, errichtet imperiale Repräsentativbauten, darunter vor allem die Süleymaniye-Moschee **⑬**.

17. Jh.: Unter immer schwächer werdenden Sultanen beginnt der politische und wirtschaftliche Verfall des Weltreichs. Spätestens nach der Niederlage vor Wien (1683) befindet sich das Reich in einem jahrhundertelang dauernden Abwehrkampf, der den Einfluss der europäischen Großmächte wirtschaftlich wie kulturell immer größer werden lässt.

1774: Mit der Niederlage gegen die Russen ist das Osmanische Reich endgültig keine Großmacht mehr. Die führenden europäischen Staaten – allen voran Russland und Österreich-Ungarn – etablieren sich in der Hauptstadt. Im Stadtteil Pera/Beyoğlu **⑱** entstehen ausländische Diplomatenviertel und der osmanische Hof orientiert sich immer mehr an europäischen Lebensformen.

1808–1839: Unter Sultan Mahmud II. werden militärische Reformen nach westlichem Vorbild realisiert, die zur Entmachtung der alten Elitetruppe der Janitscharen führen (1826).

1839–1876: In der sogenannten „Tanzimat-Periode" werden weitere westliche Reformansätze in Staat und Verwaltung durchgeführt, ohne dass sich der außenpolitische Verfallsprozess aufhalten lässt. Hof und Staat werden immer mehr von westlichem Kapital abhängig.

1845: Die erste Galata-Brücke verbindet das alte Istanbul mit dem Diplomatenviertel von Pera/Beyoğlu.

1853: Der Sultanshof zieht in den westlich ausgerichteten Dolmabahçe-Palast **㉒**.

1875: Staatsbankrott und Zahlungsunfähigkeit. Das Reich gerät vollständig unter die Kontrolle ausländischer Geldgeber, darunter auch das Deutsche Reich.

Ab 1883: Der Orient-Express verbindet Istanbul mit Europa.

1914–1918: Im 1. Weltkrieg steht das Osmanische Reich auf der Seite der Mittelmächte (Deutsches Reich, Österreich-Ungarn). Nach der Kapitulation wird Istanbul von alliierten Truppen unter Führung der Briten besetzt. Der Sultan

◄ *Tophane* **⑳**, *die alte osmanische Kanonengießerei*

stimmt der Aufteilung des Reiches im Friedensvertrag von Sevres (1920, nicht umgesetzt) zu.

Istanbul – Türkische Republik

1920–1922: Mustafa Kemal Atatürk (1881–1938) organisiert den nationalen Widerstand gegen die ausländischen Mächte und den Sultanshof. Er vertreibt die fremden Truppen aus Anatolien und besiegt die Griechen in der Schlacht am Sakarya-Fluss.

1923: Gründung der Türkischen Republik mit der Hauptstadt Ankara. Atatürk führt eine säkulare Kulturrevolution durch, die die Türkei zu einem westlich-laizistischen Staat macht, in dem Religion und Politik getrennt werden. Abschaffung des Sultanats und Kalifats, Übernahme westlicher Verwaltungs- und Rechtsprinzipien.

1930: Offizielle Umbenennung Konstantinopels in Istanbul. Die Stadt bleibt das wirtschaftliche und kulturelle Zentrum des Landes.

Nach 1945: Nach dem Ende des 2. Weltkriegs wird die Türkei in die westliche Staatengemeinschaft eingebunden. 1952 Beitritt zur NATO. Es entwickelt sich ein Mehrparteiensystem.

1960: Das Militär, Ordnungsgarant der kemalistischen Staatsprinzipien, putscht gegen Ministerpräsident Adnan Menderes, der im folgenden Jahr zum Tode verurteilt wird. Zwei weitere Militärinterventionen folgen 1971 und 1980, als sich rechts- bzw. linksextreme Gruppierungen bürgerkriegsähnliche Auseinandersetzungen liefern.

1973: Die erste transkontinentale Bosporus-Brücke, Boğaziçi Köprüsü, wird eröffnet. Eine zweite, die Mehmet Fatih Köprüsü, folgt 1988.

1989: Turgut Özal, die maßgebliche politische Figur der 1980er-Jahre, wird Staatspräsident. Seine Politik der wirtschaftlichen Liberalisierung hat auch eine allmähliche Demokratisierung der politischen Landschaft zur Folge. Die anatolische Landflucht erreicht ihren Höhepunkt, auch in Istanbul entstehen immer neue Geçekondu-Siedlungen.

1994: Recep Tayyip Erdoğan, Mitglied der islamischen Refah Partisi („Wohlfahrtspartei"), wird Bürgermeister von Istanbul und gewinnt aufgrund seiner weitgehend erfolgreichen Stadtsanierung landesweites Ansehen.

Dezember 1999: Die Türkei erlangt den lang ersehnten Status eines EU-Beitrittskandidaten und führt in der Folge zahlreiche juristische und politische Reformen durch, die das Beitrittsgesuch unterstützen sollen.

Februar 2001: Eine Finanz- und Bankenkrise führt zum Verlust von 50 Milliarden Euro beim Nationaleinkommen und zur Vernichtung von über einer Million Arbeitsplätzen. Der Internationale Währungsfonds gewährt der Türkei einen Kredit von 16 Milliarden Dollar, was die Gesamtschuldenlast auf über 200 Milliarden Dollar ansteigen lässt.

November 2002: Die islamisch-konservative Gerechtigkeits- und Entwicklungspartei (AKP, Adalet ve Kalkinma Partisi) gewinnt die Parlamentswahlen, Regierungschef wird Recep Tayyip Erdoğan.

November 2003: Terroristische Anschläge, die über 50 Tote und 800 Verletzte fordern, treffen in Istanbul die Britische Botschaft, eine Filiale der britischen HSBC-Bank und zwei jüdische Synagogen.

November 2005: Die Türkei und die EU nehmen offizielle Beitrittsgespräche auf.

2007: Bei den Parlamentswahlen im Juli verteidigt die AKP ihre Mehrheit. Im August wird Abdullah Gül (ebenfalls AKP) zum neuen Staatspräsidenten gewählt. Wirtschaftlicher Aufschwung (zwischen 7 und 10 % jährlicher BSP-Zuwachs).

2010: Istanbul ist neben Pécs/Ungarn und Essen/Ruhrgebiet Europäische Kulturhauptstadt (Vertreter eines Nicht-EU-Landes).

LEBEN IN DER STADT

Was ist die größte Sehenswürdigkeit Istanbuls? Nein, nicht die Hagia Sophia, nicht irgendein Sultanspalast und auch nicht die Süleymaniye. Es ist die Straße, der Alltag, das pralle, gegensätzliche Leben. Besucher westlicher Länder staunen ob der pulsierenden Lebensfülle dieser zwischen Ost und West, Islam und Säkularismus schwankenden Stadtteile, in denen Flaneure auf kurzen Strecken die kulturelle Ungleichzeitigkeit zwischen dörflichem Anatolien und moderner Metropole erfahren bzw. erlaufen können.

Die Stadt hat in den letzten Jahrzehnten ein atemberaubendes Entwicklungstempo an den Tag gelegt. Als in den 1960er-Jahren die **Landflucht** einsetzte und Busse jeden Tag Hunderte von anatolischen Bauern in die Stadt brachten, klagten die alten

Istanbuler über die zunehmende **Verdörflichung** vieler Stadtteile. In die alten, von Griechen (Fener), Juden (Balat) und Armeniern (Karaköy) verlassenen Häuser zog eine vorwiegend traditionell orientierte Dorfbevölkerung ein, die zudem außerhalb des alten Stadtkerns ein **Geçekondu-Viertel** („über Nacht erbaut") nach dem anderen errichtete. Die **Bevölkerungszahlen explodierten,** gleichzeitig transportierten die Zuwanderer ihre Dorfstrukturen in die Stadt und die ökologischen wie infrastrukturellen Belastungen nahmen dramatische Ausmaße an.

Die Stadtverwaltung reagierte endlich, die Bürgermeister (unter ihnen der heutige Regierungschef Erdoğan) **verbesserten die Infrastruktur,** rissen Häuser ab, tauschten die alte Galata-Brücke gegen eine flutungsfreundlichere aus, förderten Grün- und installierten Kläranlagen. Die Geçekondus wurden an die Versorgungsstruktur der Stadt angeschlossen, erhielten Kanalisation und Energie. Metro und Straßenbahn wurden und werden zur Entlastung weiter ausgebaut, ein Tunnel unter dem Bosporus soll zusätzliche Entlastung bringen ... kurz: Die Stadt versucht in einem Wahnsinnstempo, sich den Erfordernissen anzupassen. In den letzten Jahren hat man zudem den Sinn (und Nutzen) der eigenen Geschichte entdeckt. Vorbei die Zeiten, als alles Alte für Betonneues abgerissen wurde. Verfallene Holzhäuser werden zu Hotels renoviert, die alten Brunnen, Paläste, Kirchen und

◀ *Einige Istanbuler Stadtteile gehören den traditionell eingestellten Istanbulern*

KEMALISMUS KONTRA ISLAM

Jenen westlich gekleideten Herrn mit dem meist stechenden Blick wird jeder Besucher der Türkei kennenlernen - ob er will oder nicht. Sein Konterfei ziert nicht nur die Geldscheine und alle öffentlichen Gebäude, auch an Statuen und Büsten bringt es der Mann, der auch dem wichtigsten Boulevard jeder türkischen Stadt seinen Namen leiht, zu Spitzenleistungen.

Mustafa Kemal Pascha (1883-1938) erntete seine ersten militärischen Lorbeeren noch zu Zeiten der Osmanen. Der aufstrebende Offizier, der im 1. Weltkrieg die Dardanellen gegen die Alliierten verteidigte, wurde in der Nachkriegszeit der Begründer der modernen türkischen Republik. Er schaffte nicht nur Sultanat und Kalifat ab, er oktroyierte dem islamischen Staat eine laizistische, nach westlichen Prinzipien gestaltete Staats- und Gesellschaftsform, welche die Türkei bis heute zu einem der säkularsten Staaten der islamischen Welt macht.

Es war eine Kulturrevolution ohnegleichen: Einführung der lateinischen Schrift (bis dahin galt die arabische Schriftform), Einführung der westlichen Zeitrechnung und des Sonntags als Feiertag (im Islam ist der Freitag der Feiertag), das Verbot islamischer Kleidungsstücke wie Fez und Kopftuch (Letzteres in öffentlichen Institutionen), die Emanzipation der Frau und das Gebot der Einehe und andere kulturelle „Kehrtwendungen" stellten eine Revolution dar, die mit aller Macht das Land zu einem „westlichen" Staat transformieren sollte. Sein Beiname Atatürk („Vater der Türken") drückt buchstäblich aus, wessen Werk die heutige Türkische Republik ist.

Allein, der Islam - eine für strenge „Kemalisten" obsolete, höchstens aber private Gesellschaftsgröße - war dann doch nicht ganz per Dekret zu regulieren. Galten islamische Parteien - so diese überhaupt zugelassen waren - jahrzehntelang von offizieller Seite als unerwünschte politische Gespenster der Vergangenheit, musste seit den 1980er-Jahren die Renaissance eines auch politisch selbstbewusst auftretenden Islam immer stärker zur Kenntnis genommen werden. Bereits 1994 wurde Recep Tayyip Erdoğan, damals Mitglied der islamischen Refah-Partei, zum Bürgermeister Istanbuls gewählt, um dann seit 2003 als Vorsitzender der neuen islamischen Kraft, der AKP-Partei, Premierminister des Landes zu werden. Auch der Staatspräsident, Abdullah Gül, der seit 2007 im Amt ist, kommt aus der AKP, sodass nicht wenige aus der alten kemalistischen Elite eine schleichende Abkehr von den hehren Prinzipien Atatürks befürchten.

Die Diskussionen darüber werden seit Jahrzehnten hart und kontrovers geführt, die Kampfplätze sind oft symbolischer Natur, wie z. B. die Frage, ob am Taksim-Platz [L6] (quasi das Zentrum der westlichen Türkei) eine Moschee gebaut werden darf. Oder ob das Kopftuchverbot in öffentlichen Institutionen noch zeitgemäß bzw. überhaupt zu rechtfertigen ist. (Das Kopftuchverbot ist an Universitäten offiziell seit 2008 aufgehoben.) Und der westliche Besucher wird schnell an den jungen und selbstbewussten Kopftuchträgerinnen registrieren, dass der moderne Islam längst nicht mehr nur die alte Gastarbeitertradition des dörflichen Anatoliens darstellt.

029ib Abb.: fk

Stadtmauern effektvoll restauriert, um zwischen Bosporus und Theodosianischer Stadtmauer ③ ein **Freilichtmuseum** entstehen zu lassen, dass der Stadt würdig ist.

So sind die Gegensätze und kulturellen Ungleichzeitigkeiten heute nicht mehr so stark wie noch vor 20 Jahren. Auch traditionelle Stadtteile wie z. B. Fatih oder Fener/Balat profitieren von den ehrgeizigen Restaurierungsarbeiten und Neuerungen. Gleichwohl staunt der Besucher immer noch über die Vielfältigkeit, ja **Heterogenität der Eindrücke:** In Sultanahmet befindet er sich in einem museal aufbereiteten Altstadtbereich. Wechselt er über die Galata-Brücke hinauf nach Beyoğlu, befindet er sich im klassischen „westlichen" Konsum- und Unterhaltungsparadies der Stadt, wo die Röcke kürzer und die Kopftücher weniger werden. Noch weiter im Norden, in Nişantaşı und Levent, weicht die von vielen Jugendstilbauten geprägte Fin-de-Siècle-

Atmosphäre Beyoğlus einer nüchternen, aber gut situierten Moderne.

Ganz anders erscheint Istanbul in den oben genannten alten Stadtteilen Fatih, Fener und Balat. Hier dominiert eine traditionelle, noch mehr oder weniger stark von dörflichen Strukturen geprägte Stadtteilkultur. Der schwarze *Çador* (Ganzkörperumhang der Frauen) gehört hier durchaus zum Straßenbild und die klassischen Teehäuser stellen in diesen Vierteln immer noch das „Wohnzimmer" der Männer dar. Hier erfährt der im Straßenlabyrinth umherirrende Besucher auch durchaus noch jene hilfsbereite Freundlichkeit, die jedem Anatolienreisenden bekannt ist. In den modernen Stadtteilen – zu denen übrigens auch das asiatische Kadıköy zählt – fällt er dagegen kaum mehr auf, denn längst ist Istanbul hier jene kosmopolitische Stadt geworden, die in den Westen, nach Europa will, laut, hektisch und immer auf der Suche nach dem Mehr …

DIE STILLE HEIMKEHR DES LETZTEN OSMANEN

Am Samstag, dem 26. September 2009, versammelte sich eine über 5000 Menschen zählende Menge – darunter viele Minister der Republik – in der Blauen Moschee in Sultanahmet, um dem letzten als Prinz geborenen Spross der Osmanen das letzte Geleit zu geben. **Osman Ertuğrul Osmanoğlu** (1912–2009), Enkel des Sultans Abdülhamit II. (1876–1909), war dort gestorben, wo er vor 97 Jahren geboren worden war: in Istanbul. Dazwischen lagen **lange Jahre des Exils,** hatte der Republikgründer Kemal Atatürk doch 1924 alle 155 Mitglieder des Hauses Osman des Landes verwiesen und ihnen die Rückkehr streng verboten.

Für den jungen Osmanoğlu bedeutete das den jahrelangen Aufenthalt in der Fremde (vorwiegend in den USA). Auch als in den 1970er-Jahren das Einreiseverbot für die Osmanen-Familie aufgehoben wurde, wartete der ehemalige Prinz noch bis 1992, bevor er sich auf türkischen Boden zurücktraute. Dann allerdings wollte er, der noch die alte Sprache der Osmanen beherrschte, auf Istanbul nicht mehr verzichten. In Interviews betonte er oft seine Hochachtung gegenüber der Republik im Allgemeinen und gegenüber dem Republikgründer Atatürk im Besonderen – wohlüberlegte Äußerungen, die das misstrauische kemalistische Umfeld zufriedengestellt haben dürften.

Osmanoğlu bedeutet „Sohn des Osman", womit der Name des letzten Prinzen auf seinen Urahn und Namensgeber der Dynastie, Osman I. (1281–1326), zurückweist, also jenen Herrscher, der als kleiner türkischer Duodezfürst mit ein paar Hundert Mann gegen das (allerdings damals schon schwache) byzantinische Reich kämpfte. **Über 600 Jahre** sollten die Osmanen **herrschen** – ein Zeitraum, der so manche europäische Dynastie vor Neid erblassen lassen dürfte und in eine Reihe mit Habsburgern und Hohenzollern zu setzen wäre.

Unter Sultan Mehmet II. Fatih (1451–1481) eroberten die Türken Konstantinopel, und **Sultan Süleyman „der Prächtige"** (1520–1566) war der wohl mächtigste Herrscher seiner Zeit. Er führte die islamischen Heere vor Wien und das osmanische Reich, das nun von der österreichischen Grenze bis zum Persischen Golf reichte, war zur stärksten Militärmacht der damaligen Welt geworden. Unter seinen Nachfolgern begann dann der **rasante Verfall** der Sultansmacht: Selim II. (1566–1574) war unter dem Beinamen „der Säufer" bekannt. Volltrunken rutschte er im Bad des Topkapı- Palastes aus und schlug sich den Schädel ein. Sein Sohn Murad III. (1574–1593) lebte nur für die Gaumenfreuden, bis zu 50 Gerichte täglich soll sich der Epileptiker gegönnt haben. Die folgenden Herrscher frönten zudem bald nur noch den Haremsfreuden, sodass die Sultansmütter und Konkubinen intrigenreich den Staat mitverwalteten und man sogar vom „Sultanat der Frauen" sprach. Gar reichlich Anekdotisches – und oft Unappetitliches – gäbe es aus

◀ *Verkaufsstände von Taubenfutter in Eminönü*

den Pälasten zu erzählen. Als Beispiel möge der seit den Zeiten Sultan Mehmet Fatihs zum Gesetz erhobene **Brudermord** dienen: Um die Einheit des Staates zu gewährleisten, war es die Pflicht jedes neuen Sultans, alle Brüder bei Machtantritt sofort töten zu lassen. So ließ Sultan Mehmet III. (1595–1603) bei seiner Machtübernahme 19 Brüder und sieben noch von seinem Vater geschwängerte Frauen beseitigen.

Aber auch die letzten, schon weitgehend europäisch geprägten Vertreter der Dynastie hatten ihre tödlichen Macken: Der Großvater unseres Osmanoğlu, eben jener Sultan Abdülhamit II., unterhielt ein ganzes Heer an Spitzeln, das ihn vor möglichen Attentaten schützen sollte. Aus Misstrauen zog der Sultan vom Dolmabahçe-Palast in die einsamen Waldhöhen des Yıldız-Parks (Yıldız Sarayı, s. S. 39, wo übrigens Osmanoğlu geboren wurde). Dort schlief Abdülhamit ständig in einem anderen Raum und ging nie ohne Pistolen in den Garten. In der Dämmerung erschoss der Neurotiker dabei versehentlich einmal den Gärtner – er hatte ihn als solchen nicht erkannt.

Von all diesen imperialen Moritaten und Marotten war der letzte Osmane, der erst 2004 wieder türkischer Staatsbürger wurde, glücklicherweise weit entfernt. Die Geschichte seiner Ahnen fasste er wohlfeil und für alle verdaulich folgendermaßen zusammen: „Ein Monarch wird zum Regieren erzogen und er kann durchaus die richtige Person dafür sein ... Auf der anderen Seite kann er natürlich auch ein Idiot sein." Sein Leben in Istanbul war leise. Als er einmal den Ort besuchen wollte, wo er als Kind und Prinz gespielt hatte – den Dolmabahçe-Palast **22** –, schloss er

sich ganz bescheiden und inkognito der Besichtigungstour einer Touristengruppe an. Nur sein **Grab** erinnert an seine historische Herkunft: Er liegt im Sultansmausoleum von Mahmut II., nicht weit von der Blauen Moschee und direkt neben seinem hysterischen Großvater.

ISTANBUL ENTDECKEN

OO4ib Abb.: fk

In kaum einer anderen Metropole macht das Erforschen so viel Freude wie in der Stadt am Bosporus – einfach schon deswegen, weil man mit dem Entdecken nie fertig wird. Istanbul bietet zu viel und zu Unterschiedliches, als dass sich jemals Alltäglichkeit oder gar Überdruss einstellen könnten. Was natürlich nicht heißt, dass die Stadt einfach zu erobern ist. Eine solide Kondition zu Fuß ist schon von Vorteil. Wer dagegen lieber fährt, dem sei dringend geraten, wenn immer es möglich ist, den Bus zu vermeiden und Schiene oder – am besten – Wasserwege zu benutzen. Bei Hitze in einem vollen Bus im Stau kann auch die schönste Stadtansicht verderben ...

SULTANAHMET – DAS IMPERIALE ZENTRUM

Sultanahmet ist das touristische Zentrum Istanbuls. Hier liegen in bequemer Fußgängerreichweite nicht nur viele der größten Sehenswürdigkeiten der Stadt, hier übernachten auch mit Abstand die meisten Besucher. Für den Großteil der Istanbul-Neulinge beginnt der erste Tag mit dem berühmten Kuppel-vis-à-vis von Hagia Sophia und Sultan-Ahmet-Moschee – die beiden wohl bekanntesten Symbole der alten christlich-islamischen Kaiserstadt.

❶ HAGIA SOPHIA
(AYA SOFYA) ★ ★ ★   [K12]

Die Aya Sofya (griech.: Hagia Sophia) ist eines der Wahrzeichen Istanbuls und das neben der Peterskirche in Rom berühmteste christliche Gotteshaus der Welt.

Die Einweihung der **„Kirche der göttlichen Weisheit"**, so die Übersetzung, fand am 27. Dezember 537 durch den damaligen byzantinischen Kaiser Justinian statt. Der bei dieser Gelegenheit allseits zitierte begeisterte Ausspruch des ehrgeizigen Herrschers – „Salomon, ich habe dich übertroffen!" – mag verdeutlichen, welche Faszination das architektonische Wunderwerk bereits auf die byzantinischen Zeitgenossen ausgeübt hat. Den Größten zu übertreffen – und Salomos Tempelbau zu Jerusalem galt als das bis dahin Größte – ist immer die beste Garantie für die eigene erhoffte Unsterblichkeit. Und Justinians Frohlocken war gerechtfertigt, denn diese Kirche sollte ihm mehr als all seine unaufhörlichen Kriege einen Platz in der Geschichte sichern.

Das imperiale Gotteshaus war in **nur knapp sechsjähriger Bauzeit** entstanden. Um Gott – und sich selbst – gebührend zu rühmen, hatten sich die kaiserlichen Schatztruhen weit geöffnet: Einem Heer von mehr als 10.000 Arbeitern trugen fünf Jahre lang die besten Marmorbrüche des Reiches ihr Material zu. Für fast 900 Jahre glänzte die Hagia Sophia dann als **Hauptkirche des östlichen Christentums.**

Nach der Eroberung Konstantinopels 1453 wandelte Sultan Mehmet Fatih sie sofort **in eine Moschee um** (Aya Sofya Camii), die in der Folge vier Minaretts erhielt. Da der Islam

◀ *Vorseite: das Wahrzeichen Istanbuls – die Hagia Sophia*

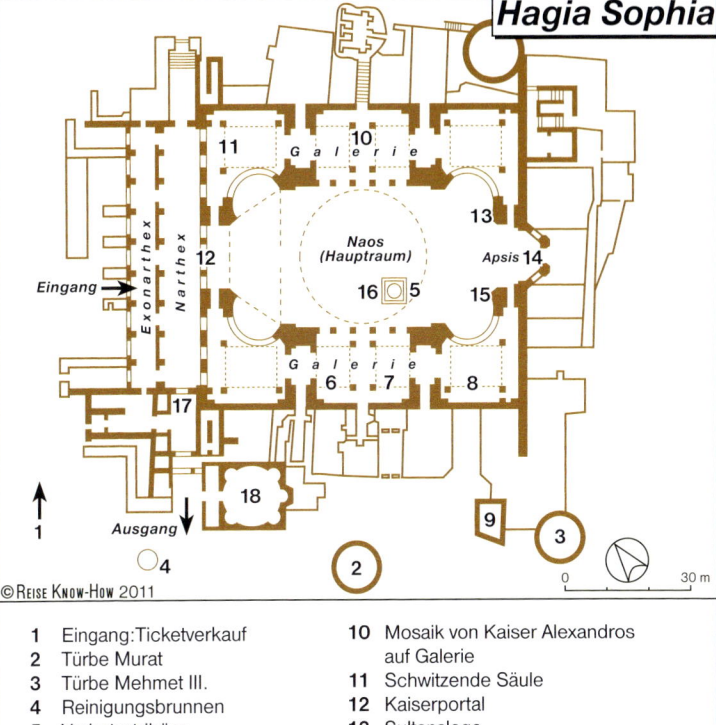

Hagia Sophia

1	Eingang:Ticketverkauf
2	Türbe Murat
3	Türbe Mehmet III.
4	Reinigungsbrunnen
5	Vorbetertribüne
6	Deesis-Mosaik auf Galerie
7	Grab Enrico Dandolos auf Galerie
8	Komnenos u. Zoe Mosaiken auf Galerie
9	Türbe Selim II.
10	Mosaik von Kaiser Alexandros auf Galerie
11	Schwitzende Säule
12	Kaiserportal
13	Sultansloge
14	Mihrab
15	Mimbar
16	Omphalos
17	Orea Porta/Südtor
18	Baptisterium - Türbe Mustafas I. und Ibrahims I.

die figürliche Darstellung in Moscheen untersagt, wurden die Mosaiken der Kirche übertüncht. Erst bei Restaurierungsarbeiten unter den Brüdern Fossati kamen im 19. Jh. wieder einige **Mosaiken** zum Vorschein. Als dann Atatürk 1934 die Hagia Sophia zu einem Museum umfunktionierte, wurden weitere Mosaiken freigelegt.

Die **gewaltige Zentralkuppel** der Hagia Sophia (Durchmesser 32,5 m,

Gesamthöhe 55,6 m), die in der Hauptachse von zwei großen sowie sechs kleineren Halbkuppeln gestützt wird, sollte für die folgenden Sultansmoscheen zum **architektonischen Vorbild** werden – man begegnet diesem Bautyp in Istanbul quasi auf Schritt und Tritt. Im auch symbolischen Wettstreit um religiöse und kulturelle Größe war die berühmteste Kuppelbasilika der Welt mit ihrer

O3Olb Abb.: fk

7000 m² umfassenden Grundfläche eine buchstäblich gewaltige Herausforderung für die größten Baumeister der Sultane, die das christlich-imperiale Vorbild in Folge zu übertreffen suchten.

Das Innere

Man betritt den Sakralbau heute von Nordwesten über den **Exonarthex** (äußere Vorhalle), dessen fünf Portale den Zugang zu dem lang gezogenen **inneren Narthex** bilden. Von hier führen wiederum insgesamt neun Türen in das Hauptschiff, darunter das zentrale **Kaisertor** (12), das allein dem Basileus (Kaiser) vorbehalten war. Über dieser imposanten Haupttür sieht man ein Mosaik aus dem 9. Jh., das den thronenden Christus mit einem Buch zeigt. Flankiert wird er von zwei Medaillons, die die Jungfrau Maria und den Erzengel Gabriel darstellen. Vor Christus kniet demütig Kaiser Leo VI. (886–912).

Das Innere des **Hauptschiffs** vermittelt ein überwältigendes Raumgefühl, das im Wesentlichen durch die scheinbar über dem Hauptraum schwebende **Zentralkuppel** hervorgerufen wird. Sie ruht auf vier mächtigen Pfeilern, die durch weit geschwungene Bögen miteinander verbunden sind, aber durch die Rückversetzung in die Seitenschiffe das weite Raumerlebnis kaum stören. Der oft gepriesene Eindruck der himmlischen Entrücktheit der Kuppel wird durch die geschickte Anordnung der 40 Fenster am unteren Rand der Wölbung erzielt. Der durch sie gebildete Lichtkranz scheint sowohl die Kuppel von ihrem irdischen Fundament zu trennen wie auch eine fast astrale Harmonie zu suggerieren, die sich aus der Erlebnisperspektive des Betrachters aus himmlischen Quellen zu speisen scheint.

▲ *Die „Kirche der heiligen Weisheit" wurde nach der osmanischen Eroberung Istanbuls in eine Moschee umgewandelt*

Im Zentrum der Kuppel prangt heute eine Koraninschrift, während die großen geflügelten **Engelwesen** (Seraphim) in den Pendentifs an die christliche Zeit erinnern. Allerdings sind nur die zwei östlichen Originalmalereien, die beiden westlichen stammen von den Fossati-Brüdern, die im 19. Jh. die Kirche restaurierten.

Hauptschiff und Seitenschiffe werden jeweils durch acht dunkelgrüne, mächtige Säulen (vier auf jeder Seite) getrennt, die angeblich – ebenso wie die am Eingang zum Hauptschiff platzierten riesigen Vasen – aus der antiken Weltstadt Ephesos stammen. In den Ecknischen sieht man rote Porphyrsäulen aus Baalbek (antike Tempelstadt im heutigen Libanon). Die übrigen Säulen – die Hagia Sophia besitzt insgesamt über 100 – sowie die verschiedenfarbigen Marmorplatten der Wände sind aus thessalischem bzw. prokonessischem Marmor, der von den nahe gelegenen Marmara-Inseln stammt. Die fein gearbeiteten byzantinischen Kapitelle der Säulen mit ihren eigenwilligen Blattmustern und Motiven tragen das Monogramm des byzantinischen Kaiserpaars, Justinian und Theodora.

In der zentralen Halbkuppel der **Apsis** erblickt man ein Marienmosaik (mit Christuskind), das zu den ältesten Darstellungen der Kirche zählt (9. Jh.). An den Hauptpfeilern hängen acht riesige, aus dem 19. Jh. datierende Rundschilde von jeweils 7,5 m Durchmesser, die auf grünem Grund in goldenen arabischen Lettern den Namen Gottes (Allah), seines Propheten Mohammed, die seiner beiden Enkel Hasan und Hüseyin sowie die Namen der ersten vier Kalifen (Abu Bekr, Othman, Ali und Omar) enthalten. Links der Apsis steht die oktogonale, von kleinen Säulen getragene **Sultansloge** (13)

(1849 von Fossati erbaut), unter deren vergittertem Baldachin der osmanische Herrscher zu beten pflegte. In der zentralen Nische der Apsis steht in schräger Position zum Halbrund die Richtung Mekka ausgerichtete **islamische Gebetsnische** (Mihrab) (14), rechts davon die **Gebetskanzel** (Mimbar, beide 16. Jh.) (15). Gegenüber dem Mimbar befindet sich die unter Sultan Murat III. (1574–95) erbaute und ebenfalls aus Marmor bestehende **Vorbetertribüne** (5), auf der einst der Muezzin Platz nahm.

Nicht weit von der Tribüne befindet sich ein buntes Bodenmosaik (Omphalos) (16), an dem der **christliche Kaiserthron** bei der Krönungszeremonie gestanden haben soll – er galt als Mittelpunkt der damaligen byzantinischen Welt.

Auf dem Weg zurück zum inneren Narthex passiert man kurz vor dem Verlassen des Hauptschiffs rechts die sogenannte „**Schwitzende Säule**"

EXTRATIPP

Sultanstürben der Hagia Sophia

Südlich des Baptisteriums, aber nur über einen eigenen Eingang an der südöstlichen Seite der Kirche zu erreichen, liegen auf dem Areal der Hagia Sophia mehrere **Sultans-Mausoleen**. Hier fanden u. a. die Sultane Mehmet III. (1595–1603) und Murad III. (1574–1595) in jeweils eigenen Türben ihre letzte Ruhe. Zwischen beiden steht die 1577 von Sinan erbaute und mit herrlichen Fayencen ausgeschmückte Türbe Selims II. (1566–1574). Der Sohn und wenig rühmliche Nachfolger Sultan Süleymans besaß den Beinamen „der Säufer": Im Vollrausch rutschte der Alkoholiker im Marmorbad des Palastes aus und schlug sich den Schädel ein ...

(11), die von alters her als wunderwirkend gilt. In das Loch der immer feuchten Marmorsäule stecken noch heute viele Besucher brav ihren Daumen, um so von der angeblichen Heilkraft gegenüber Leiden aller Art zu profitieren.

Vom inneren Narthex führt eine Rampe hinauf zur **Galerie**, die einst den Frauen vorbehalten war und heute einige der sehenswertesten Mosaiken der Kirche birgt. Auf dem Weg zur südlichen Galerie (rechts vom Ausgang der Rampe) passiert man zunächst die Loge der Kaiserin und danach eine Marmortür, deren blumenornamentierte Seite das Paradies symbolisiert, während die andere ungeschmückte Seite den Eingang zur schmucklosen Hölle präsentiert. Dahinter gelangt man zum berühmten **Deesis-Mosaik** (6) (12. Jh.), welches das Jüngste Gericht darstellt: Jesus Christus wird als Pantokrator (Allherrscher) von der Muttergottes und von Johannes dem Täufer flankiert. Obwohl nur noch die Köpfe bzw. Oberkörper der Personen erhalten sind, gilt die Deesis aufgrund der ausdrucksstarken Gesichter als eines der berühmtesten Mosaiken des alten Byzanz. Gegenüber befindet sich im Boden das einfache **Grab Enrico Dandolos** (7), jenes venezianischen Dogen, der als Führer des Vierten Kreuzzugs Konstantinopel 1204 eroberte. Die Venezianer plünderten die reiche Stadt und schleppten dabei unter anderem die prachtvollen Kirchentüren der Hagia Sophia fort.

Das sogenannte **Komnenos-Mosaik** (8) (12. Jh.) befindet sich ebenfalls in der Südgalerie nahe der Apsis: In der Mitte sieht man Maria mit dem Jesuskind auf dem Schoß, rechts von ihr Kaiserin Irene, Tochter des ungarischen Königs und Frau des am linken Mosaikrands dargestellten Kaisers Johannes Komnenos (1118–1143).

Daneben sieht man ein weiteres, gut erhaltenes Mosaik aus dem 11. Jh.: Rechts neben dem thronenden Christus sieht man die byzantinische Kaiserin Zoe (978–1050), die nicht zuletzt der Staatsräson wegen drei Kaiser ehelichte, was ihr seitens des Klerus Kritik und Entrüstung einbrachte.

Man verlässt die Kirche heute meist über das Südtor im inneren Narthex. Dieses große **Bronze-Tor** (Orea Porta, das „schöne Tor") (17) aus dem 2. Jh. v. Chr. stammt aus einem Tempel des antiken Tarsus in Kleinasien. Über der Pforte erkennt man ein prachtvolles, gut erhaltenes Mosaik (10. Jh.), das im Zentrum Maria und das Jesuskind zeigt. Rechts von ihr steht Konstantin der Große, der Gründer von Konstantinopel, welcher ein Modell der Stadt in seinen Händen hält. Links steht Kaiser Justinian, der der Gottesmutter, die zugleich als Schirmherrin der Stadt angesehen wurde, sein Modell der Hagia Sophia entgegenhält.

› Tramvay-Haltestelle: Sultanahmet, Eintritt: 9 €, geöffnet: Di–So 9–19 Uhr, Galerie nur bis 17 Uhr. Lizenzierte, aber private Führer (auch deutschsprachig) bieten sich wie am Eingang sowohl der Hagia Sophia wie auch des Kanonentor-Palastes ❸ an.

▶ *Linien- und Farbenpracht in der Sultan-Ahmet-Moschee*

❷ SULTAN-AHMET-MOSCHEE (SULTANAHMET CAMII) ★ ★ ★ [K13]

Den islamischen Kontrapunkt zur Hagia Sophia stellt das ebenso imposante Bauwerk der berühmten „Blauen Moschee" dar. Sie sollte ursprünglich nach dem Willen der Baumeister die Hagia Sophia an Pracht noch übertreffen, wovon allein schon die sechs schlanken Minaretts zeugen (Hagia Sophia: vier). Auch wenn diese Absicht in quantitativer Hinsicht nicht ganz umgesetzt wurde, bietet die berühmteste Moschee Istanbuls vor allem nachts, wenn die Minaretts erleuchtet und von Möwenschwärmen umflogen werden, einen weithin sichtbaren, unvergesslichen Anblick.

Auf die Moschee zugehend, passiert man rechts die **Türbe des Moscheestifters Sultan Ahmet I.** (reg. 1603–1617), die erst durch seinen Sohn Osman II. (reg. 1618–1622) 1620 erbaut wurde.

Die Moschee selbst beeindruckt durch ihre **mächtige frontale Wirkung von Zentral- und Halbkuppeln,** die von den sechs Minaretts eindrucksvoll eingerahmt werden. Ihr Erbauer, Mehmet Ağa, ein Schüler Sinans (s. S. 79), konnte in der Bauzeit von 1609–1916 die Kuppelmaße der Hagia Sophia allerdings schlussendlich nicht übertreffen. Die **Zentralkuppel** besitzt einen Durchmesser von 23,5 Meter, die Scheitelhöhe beträgt 43 Meter, sodass das Volumen der Hagia Sophia nicht ganz erreicht wird. Das mindert aber den auch hier

> **EXTRAINFO**
>
> *Moscheen:*
> *Eintritt und Öffnungszeiten*
> Für alle Istanbuler Moscheen – wenn sie nicht zu Museen umgestaltet wurden wie beispielsweise die Hagia Sophia – gilt **freier Eintritt.** In der Regel sind die Moscheen zwischen 9 und 18 Uhr geöffnet.

031b Abb.: fk

Respekt und Wohlgeruch

Eine Moschee ist ein Gotteshaus, sodass die Besichtigung in dem entsprechend **dezenter Kleidung** (s. S. 124) vorgenommen werden sollte. Natürlich sind die **Schuhe vor dem Betreten auszuziehen.** Aus diesem Grunde sollten (auch und gerade im Sommer) ein paar **Strümpfe** im Rucksack mitgeführt werden, denn wie sich jeder vorstellen kann, ist auch der dickste Moscheeteppich keine Hygienegarantie gegen nackte, verschwitzte Füße.

überwältigend harmonischen Raumeindruck natürlich nicht im Mindesten. Vier monumentale, fünf Meter dicke **Säulen** tragen Hauptkuppel und die abstützenden Nebenbögen.

Ursprünglich schmückten die Moschee **über 20.000 Iznik-Kacheln,** da Sultan Ahmet als großer Liebhaber der Fayencenkunst galt. Iznik (nahe Bursa) war eine der berühmtesten Keramik-Manufakturen des Osmanischen Reichs. Die meisten sind in roten, blauen oder grünen Farben gehalten, was der 260 Fenster zählenden Moschee bei entsprechendem Lichteinfall früh den Namen „**Blaue Moschee**" einbrachte. Viele der ursprünglichen Kacheln mussten leider ersetzt werden, da die alten beschädigt waren. Weitgehend authentisch ist noch die Fayencenarbeit an den Galerien und der **Sultansloge,** die zudem noch eine schön bemalte Holzdecke besitzt.

Die überdurchschnittliche Zahl von **sechs Minaretts** – „normal" sind ein bis zwei, bei den Haupt- bzw. Sultansmoscheen höchstens vier – rief den Protest der Moschee von Mekka

hervor, die bis dahin als einzige Moschee sechs Minaretts hatte, sodass der Sultan ihr kurzerhand zur Beruhigung ein siebtes Minarett stiftete. Eine in der Türkei gerne kolportierte Anekdote erklärt die Existenz der sechs Minaretts übrigens aus einem Wortspiel: Der Sultan habe vom Baumeister vergoldete (türk. *altın*) Minaretts verlangt, was dieser nach einem Blick in die völlig überforderte Staatsschatulle absichtlich so umdeutete, dass er sechs (türk. *altı*) Minaretts bauen sollte. Der Sultan soll anfangs angeblich sehr erbost gewesen sein, um dann aber aufgrund des einen winzigen Buchstabenirrtums doch nachgegeben zu haben.

❯ Tramvay-Haltestelle: Sultanahmet. Ca. eine halbe Stunde vor den Gebetszeiten (5-mal täglich: Morgendämmerung, Mittagszeit, Nachmittag, Abend und vor Anbruch der Nacht) wird der Touristenstrom für die Dauer des Gebets für ungefähr eine Stunde gestoppt. Die Lightshows (1. Mai bis 30. September) beginnen direkt nach Sonnenuntergang und dauern ca. 40 Min. (Engl., Franz., Deutsch).

❸ **KANONENTOR-PALAST (TOPKAPI SARAYI)** ★ ★ ★ **[L11]**

Die dritte herausragende Sehenswürdigkeit – und die zeitaufwendigste – ist der Sultanspalast Topkapı (= Kanonentor) Sarayı, dessen 70 ha großes Areal sich über die einstige antike Akropolis der Griechen erstreckt und unmittelbar hinter der Hagia Sophia liegt. Sultan Mehmet Fatih (der Eroberer) residierte nach der Einnahme Konstantinopels erst in einem älteren, heute nicht mehr erhaltenen Palast, begann aber schon wenige Jahre später mit der Erbauung des neuen Serail (nach dem ital. Wort „seraglio" = Palast), der ab 1478 von ihm und seinen Ministern bezogen wurde. Der Harem, die Frauengemächer, kamen erst 1541 hinzu.

Die aus vier Höfen bestehende Anlage war bis 1853 der Sitz des Herrschers und das **politische und administrative Zentrum** des riesigen Osmanischen Reiches. Etwa 5000 Menschen lebten ständig in dieser „Stadt in der Stadt", allein 1000 Köche suchten den Gaumen des

Sultans mit immer neuen Variationen zu kitzeln, 30.000 Rinder und Hammel mussten im Küchentrakt alljährlich unters Messer.

Das Palastleben und die Raumaufteilung unterlagen strengen Regularien. Den **ersten Hof**, der zu Sultanszeiten für jeden zugänglich war, erreicht man durch das 1478 erbaute **Bab-i Hümayun** (Reichstor), vor dem der prachtvolle Rokokobrunnen **Sultan Ahmet III.**

1 Bab-üs Selam, Eingang
   zum 2. Hof u. zum Museum
2 Cellat Çeşmesi
3 Küchentrakt (Mutfaklar)
   Porzellansammlung
4 Baltacilar Avlusu
   (Hof der Beilträger)
5 Beşir Ağa Camii
6 Meyit Kapısı
   (Tor des Todes)
7 Stallungen
8 Kubbe Altı (Divan)
9 Iç Hazine (Rechnungshof;
   Waffensammlung)
10 Arabacilar Kapısı
   (Eingang zum Harem)
11 Kuşhane Kapısı
   (Haremsausgang)
12 Bab-üs Saadet
13 Arz Odası
14 Enderun-Bibliothek
15 Ağalar Camii
16 Has Oda Koğuşu
   (Porträt-Sammlung)
17 Hirka-i Saadet Dairesi
   (Reliquien)
18 Miniaturen- und
   Uhrensammlung
19 Hazine (Schatzkammer)
20 Seferli Koğuşu
   (Gewänder-Ausstellung)
21 Revan Köşkü
22 Sünnet Odası
23 Iftariye
24 Bağdat Köşkü
25 Tulpengarten
26 Mecidiye Köşkü
   und Konyali-Restaurant

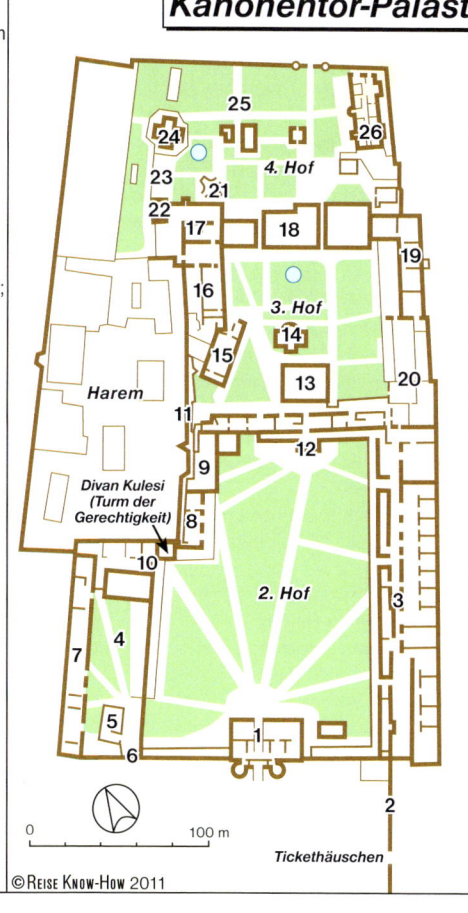

Kanonentor-Palast

© REISE KNOW-HOW 2011

Çeşmesi (1728) steht. Im parkähnlichen Hof logierten einst die Janitscharen, die Elitetruppe der Armee, die hier u.a. ihre (heute nicht mehr vorhandenen) Waffenkammern hatten.

Links des Eingangs steht die **Aya Irini Kilisesi** (Hagia Eirene – Kirche des Heiligen Friedens), eines der ältesten byzantinisch-christlichen Gotteshäuser der Stadt. Ursprünglich im 4. Jh. erbaut, stammen die ältesten und heute noch erhaltenen Bauteile aus dem 6. Jh.

Nach Durchschreiten des Palasttors **Bab-üs Selam** (1) (Tor der Begrüßung), errichtet 1525 unter Sultan Süleyman, betritt man den **zweiten Hof**, das eigentliche heutige Museum. Er war früher das administrative Zentrum des Reichs, hier hielt der *Diwan* (Ministerrat) seine Sitzungen ab, aber auch Stallungen und Küchentrakt waren hier untergebracht. Zugang hatte man nur mit entsprechender offizieller Erlaubnis. In seinen Verließen warteten die Verurteilten auf ihre Hinrichtung, die der Scharfrichter direkt vor dem Tor vollzog. Das Bab-üs Selam durfte nur der Sultan zu Pferd passieren, alle anderen Besucher mussten hier absteigen und wurden zu Fuß weitergeleitet.

Nach dem Tor sieht man rechts den Küchentrakt (3) mit seinen Schornsteinen. Heute ist dort eine wertvolle **Porzellansammlung** untergebracht.

Gegenüber, beim Harem, steht das eindrucksvolle **Kubbe Altı** (8), in dem der Diwan unter dem Vorsitz des Großwesirs tagte. Die Sultane pflegten in den Spätzeiten des Osmanischen Reichs nicht mehr an der Ministerrunde teilzunehmen, konnten aber von einer kunstvoll vergitterten Loge der Debatte zuhören, ohne gesehen zu werden.

Direkt neben dem Diwan befindet sich der Eingang zum **Harem** (Extraticket, nur mit Führung möglich). Der Harem ist – vor allem in den Augen von Europäern – jener 6700 m² große, geheimnisvolle Bereich, in dem seit Sultan Süleymans Zeiten die Frauen und Dienerinnen des Sultanshofs ihr Leben verbrachten. Die mehr als 300 Zimmer bilden ein Labyrinth, in dem außer den Haremswächtern, den **Schwarzen Eunuchen**, die eine Totalkastration über sich ergehen lassen mussten, kein Mann außer dem Sultan Zutritt hatte.

Zu den herausragenden Räumen zählen die **Wohnung der Valide** (Sultansmutter, die mächtigste Frau des Reiches) und die **Schlafgemächer der Sultane** selbst. Die schönsten Räume sind der im Rokokostil ausgestattete **Hünkar Sofrası** (Sultanshalle, Wohn- und Festzimmer der Sultansfamilie), der **Salon Murats III.** (herrliche Fayencen), der **Pavillon Ahmets I.**, der **Çifte Köşk** (goldene Verzierungen und Buntglasfenster) sowie das berühmte **Yemiş Odası** (Früchtezimmer), ein mit Früchte-Stillleben und Blumenmotiven prachtvoll dekoriertes Zimmer.

Die Führung entlässt die Besucher durch das *Kuşhane Kapısı* (11) (Vogelhaustor) in den **dritten Hof**. Wer nicht den Harem besucht, erreicht diesen durch das prachtvolle **Bab-üs**

EXTRATIPP

Geheimnis Harem
Wer sich – vielleicht bei seiner zweiten, dritten oder x-ten Istanbulreise – etwas mehr in die schlüpfrigen Skandale und Anekdoten des Harems vertiefen will, findet im City-Guide Istanbul (REISE KNOW-HOW) einen seitenlangen Essay über das Innenleben dieses so abgeschirmten Frauenkosmos.

032lb Abb.: Fk

Saadet (12) (Tor der Glückseligkeit), unter dessen säulengestütztem Dach die Inthronisation des Sultans zelebriert wurde. In den Seitengebäuden waren die Weißen Eunuchen untergebracht, die die Palastschule leiteten und die Sklaven für ihre jeweiligen Funktionen ausbildeten.

Direkt hinter dem Tor liegt das mit einem ausladenden Dach und Marmorsäulen versehene **Arz Odası** (13) (Audienzhalle), das einzige Gebäude des dritten Hofs, das von Außenstehenden betreten werden konnte. Hier empfing der Sultan hohe Würdenträger und ausländische Gesandte – ohne allerdings selbst mit

den „Ungläubigen" zu sprechen, was die Aufgabe des beiwohnenden Großwesirs war. Das Plätschern des Brunnens verhinderte, dass etwaige Lauscher von der Audienz etwas mitbekamen, und auch das dienende Personal bestand aus diesem Grund zu einem großen Teil aus Taubstummen.

Hinter der Halle und zentral im Hof steht der prachtvolle Marmorbau der Bibliothek Ahmets III., **Kütüphane Ahmet III.** (1718), auch als Enderun-Bibliothek (14) bekannt. Links befindet sich das **Hırka-i Saadet Dairesi** (17) (Halle des Heiligen Mantels), das die berühmteste **Reliquiensammlung** der islamischen Welt beherbergt: u. a. den Mantel, zwei Schwerter, einige Barthaare und sogar einen Zahn des Propheten Mohammed sowie die Schwerter der ersten Kalifen. Die Reliquien wurden von Sultan Selim I. 1517 nach seiner Eroberung

▲ *Nachgestellte Szene mit der Valide (Sultansmutter) im Harem des Kanonentor-Palastes*

von Ägypten mit gleichzeitiger Erlangung der Kalifenwürde nach Istanbul gebracht.

Die für Touristen größte Sehenswürdigkeit des Palastes ist aber die rechts in der Nordostecke des Hofes liegende **Hazine (Schatzkammer)** (19), die einige der kostbarsten Preziosen der Welt präsentiert. Darunter befinden sich der 86 Karat schwere **Löffeldiamant** (den ein Fischer auf einer Müllhalde fand und gegen drei lausige Löffel eintauschte), der durch den gleichnamigen Ustinov-Film weltberühmte **Dolch Topkapı** und kostbare Throne, unter denen der von Ahmet I. 6666 Brillanten birgt.

Der **vierte Hof**, der fast an der Spitze der Halbinsel liegt (Sarayburnu), war nur der privaten Erholung des Sultans bestimmt. Prachtvolle Pavillons wie der **Revan Köşkü** (21) (R.-Kiosk, 1635), der **Bağdat Köşkü** (24) (B.-Kiosk, 1638) und vor allem die herrlichen Fayencen des **Sünnet Odası** (22) (Beschneidungszimmer) gehören zu seinen Höhepunkten.

❯ Tramvay-Haltestelle: Sultanahmet oder Gülhane, Eintritt: 9 € (Harem zusätzl. 5 €), geöffnet: 9–19 Uhr (Winter 10–16 Uhr), Harem nur von 10–16 Uhr im Rahmen von halbstündl. geführten Touren zu besuchen, Di geschl.

❹ ARCHÄOLOGISCHES MUSEUM (ARKELOJI MÜZESI) ★ ★ ★ [K12]

Der Komplex des Archäologischen Museums besteht aus drei Gebäudetrakten. Links vom Eingang steht zunächst das 1883 als Kunstakademie erbaute Gebäude des **Eski Şark Eserleri Müzesi (Museum der altorientalischen Kunst)**, dessen Eingang von zwei mächtigen hethitischen Löwenstatuen (8. Jh. v. Chr.) flankiert wird. Es enthält Ausstellungsstücke der altorientalischen Reiche der Assyrer, Sumerer, Ägypter und Hethiter. Die umfangreichen Exponate, darunter Tonarbeiten, -stelen, Orthostaten und Keilschrifttafeln, gehen bis ins 3. Jahrtausend vor Christus zurück. Zu den Höhepunkten zählt die in der alten Hethiterhauptstadt Hattuşa gefundene **Kadesch-Keilschrifttafel** (1269 v. Chr.). Sie ist das älteste Friedensdokument überhaupt und formuliert die Abmachungen zwischen dem Pharao Ramses II. und seinem hethitischen Widerpart Hattusilas III., die einen Nichtangriffspakt und die gegenseitige Auslieferung politischer Gefangener vereinbaren.

Ein paar Schritte weiter steht rechts das mächtige, im klassizistischen Stil des 19. Jh. erbaute Hauptgebäude des eigentlichen **Archäologischen Museums**. Der Ziehvater dieser herausragenden Antikensammlung war der in Istanbul geborene Maler und Kunstliebhaber Osman Hamdi Bey (1842–1910), der 1887 in Sidon bei Ausgrabungsarbeiten jene Kunstwerke zutage förderte, für die das zwischen 1881 und 1910 von ihm geleitete Museum heute weltberühmt ist.

Im Eingang stößt man zunächst auf die grimmige Riesenstatue des ägyptischen Dämons Bes (6. Jh. v. Chr.), der eine getötete Großkatze in den Händen hält. Wendet man sich nach links, kommt man zu den **prachtvollen Sarkophagen** aus der Nekropole von Sidon (antike Stadt im heutigen Libanon). Das berühmteste Fundstück Osman Hamdi Beys ist der aus dem 4. Jh. v. Chr. stammende **Alexandersarkophag**. Seinen Namen erhielt er aufgrund der fantastischen Marmorreliefs, die den berühmten Makedonen auf der Jagd und in der

EXTRATIPP

Durchatmen im Gülhane-Park

Wer nach den schwerkalibrigen und zeitaufwendigen Museen bzw. Bauten nach einem Spaziergang im Grünen lechzt, findet unterhalb des Archäologischen Museums im Gülhane-Park (Rosenpark) eine der wenigen großflächigen Grünanlagen des Stadtteils Sultanahmet. Der von hohen schattigen Zypressen, Platanen und Kastanienbäumen bestandene Park ist eines der beliebtesten Ausflugsziele der Altstadt. Die ihn **umlaufende hohe Mauer** erinnert daran, dass die Anlage ursprünglich zum Sultanspalast gehörte und der Allgemeinheit früher nicht zugänglich war. Erst Sultan Mehmet V. (reg. 1909–1918) überließ das Areal der Stadt.

Eine baumbestandene Allee führt vom Eingangstor (Soğuk Çeşme Kapısı) zur Serailspitze (Sarayburnu), wo nahe der inneren Palastmauer die **Gotlar Sütünü (Gotensäule)** steht. Die 15 m hohe Granitsäule mit ihrem korinthischen Kapitell soll das älteste römische Zeugnis der Stadt darstellen, auch wenn eine genaue Datierung nicht gesichert ist. Immerhin weist die Inschrift, die einen römischen Sieg über die germanischen Goten feiert, auf den Zeitraum des 3. oder 4. Jh. hin. Einfach herrlich bei schönem Wetter sind die am Ende des Parks gelegenen **Teegärten**, von deren Terrassen man einen malerischen Ausblick auf den Bosporus und die asiatische Seite genießt.

●**102** [K11] **Gülhane Parkı (Rosenpark)**,
　Tramvay-Haltestelle: Gülhane, Eintritt frei

Im Nebenraum ist neben dem persischen Satrapensarkophag ein schöner Lykiensarkophag (beide 5. Jh. v. Chr.) zu sehen. In einem weiteren Raum steht der schwarze Sarkophag des ägyptischen Königs Tabnit (6. Jh. v. Chr.). Die Überreste des Toten sind heute in einer Vitrine untergebracht.

Ebenfalls im Erdgeschoss, aber rechts vom Eingang beginnt die über mehrere Räume verteilte **Sammlung griechischer und römischer Statuen und Torsi** (Kaiserbüsten bzw. -statuen, Götterdarstellungen usw.). Die Exponate reichen von der griechisch-archaischen über die hellenistische bis zur römischen Kaiserzeit. Der Kithara spielende Apoll, die grazile Statue des Jünglings mit Umhang (1. Jh. v. Chr.), eine Marsyas-Statue und eine römische Tyche (2. Jh. v. Chr.) sowie die Friesskulpturen der berühmten kleinasiatischen Bildhauerschule von Aphrodisias sind nur einige der zahlreichen Höhepunkte.

Neben dem schattigen, von alten Säulen und Skulpturen umstandenen Gartencafé steht der 1472 von Sultan Mehmet Fatih erbaute **Çinili Köşk** (Fayencen-Pavillon). Nach einem Brand wurde der Pavillon bereits im 18. Jh. teilweise restauriert. Von seinem namensgebenden Fayenceschmuck ist nur mehr wenig erhalten, aber im Innern werden die historischen Fliesenkunstwerke des Topkapı-Palastes bewahrt, die von der Keramik der Seldschukenzeit (12.–14. Jh.) bis zu den osmanischen Manufakturen von Iznik (15.–16. Jh.) und Kütahya (17.–19. Jh.) reichen. (Zurzeit wegen Restaurierungsarbeiten geschlossen.)

❯ Osman Hamdi Bey Yokusu (zwischen Gülhane-Park und Topkapı-Palast), Tramvay-Haltestelle: Gülhane, Eintritt: 4 €, geöffnet: 9–19 Uhr (Winter 9–16 Uhr)

Schlacht gegen die Perser zeigen. Gleich nebenan steht der kaum weniger beeindruckende **Sarkophag der klagenden Frauen** (4. Jh. v. Chr.). Die Figuren – trauernde Frauen in unterschiedlicher Haltung und Gestik – strahlen angesichts eines Alters von fast 2500 Jahren eine unglaubliche plastische Lebendigkeit aus.

❺ YEREBATAN-ZISTERNE (YEREBATAN SARNIÇI) ★★ [K12]

Wer von Gülhane auf der Alemdar Caddesi zur Hagia Sophia zurückgeht, findet rechts am Anfang der Yerebatan Caddesi den Eingang zur Yerebatan Sarnıcı (Yerebatan-Zisterne, auch bekannt als „Yerebatan Sarayı" = Versunkener Palast).

Der aus der Zeit Justinians (527–565) stammende **unterirdische Wasserspeicher** hat eine Grundfläche von 140 x 65 m und ein Fassungsvermögen von ca. 80.000 m³. Sein dritter Name, „**Basilika-Zisterne**", weist darauf hin, dass sich über ihm einst eine Kirche erhob.

Über die römischen Aquädukte des Valens ❷⑥ wurde das Wasser aus dem nördlich gelegenen, über 20 km entfernten Belgrader Wald in die Stadt geführt. Noch zur Zeit der Sultane war die mit einer 4 m dicken Ziegelsteinwand versehene Zisterne in Betrieb.

Klassische Musik und **effektvolle Beleuchtung** empfängt den in die Tiefe steigenden Besucher, der sich plötzlich in einer anderen Welt wähnt. Auf Holzstegen kann man zwischen den **336 Säulen** (dorisch-korinthische Kapitelle) trockenen Fußes nach den beiden gruseligen Medusenhäuptern suchen (am hinteren Ende der Zisterne), die als Säulensockel auf dem Kopf bzw. auf der Seite liegen. In dem James-Bond-Film „Liebesgrüße aus

Moskau" paddelt übrigens Sean Connery durch die schaurige antike Finsternis, um die Welt vor den dunklen Machenschaften der sowjetischen Botschaft zu retten.

> Yerebatan Cad. 13, Tramvay-Haltestelle: Sultanahmet, Eintritt: 5 €, geöffnet: tägl. 9–18.30 Uhr

❻ HIPPODROM (AT MEYDANI) ★★ [K13]

Nordwestlich der Sultan-Ahmet-Moschee erstreckt sich ein langer schmaler **Grünstreifen**, der zu beiden Seiten von einer Straße eingefasst wird. Dies ist der sogenannte **At Meydanı (Rossplatz)**. Die türkische Bezeichnung folgt dem alten griechischen Wort „Hippodrom". Denn an dieser Stelle ließ der römische Kaiser Septimius Severus (reg. 193–211) zur Kurzweil des Volkes eine **Pferderennbahn** erbauen, die später unter Konstantin dem Großen (reg. 306–337) in Orientierung an den Circus Maximus in Rom beträchtlich ausgebaut wurde. Es muss folglich ein **prachtvolles Stadion** gewesen sein: Mindestens 30.000 Zuschauer konnten die hohen Sitztribünen fassen, die mit pompösen Marmorstatuen griechischer Künstler geschmückt waren.

Als auf dem vierten Kreuzzug (1202/1204) die westlichen Ritter unter der Führung Venedigs Konstantinopel eroberten, ließen sie alle Statuen niederreißen, zerstören oder aber (wie z. B. die Quadriga) nach Venedig bringen. Als die Türken 1453 die Stadt eroberten, war das einst so stolze Hippodrom fast schon zerfallen. Die restlichen Steine benutzte man für den Bau der eigenen Paläste und Moscheen.

An der Nordostseite des Platzes steht heute unter alten Bäumen der

▶ *Der Ägyptische Obelisk wurde in spätantiker Zeit auf dem Hippodrom aufgestellt*

überkuppelte und mit Mosaiken geschmückte **Alman Çeşmesi (Deutscher Brunnen)**. Der deutsche Kaiser Wilhelm II. überreichte anlässlich seines Besuches im März 1898 den oktogonalen und mit acht schwarzen Säulen versehenen Brunnen dem osmanischen Sultan Abdülhamit II. als Geschenk. In der vergoldeten Kuppel erkennt man die kreisrunden Monogramme des deutschen und türkischen Kaisers. In den folgenden Jahren sollte sich die beiderseitige Freundschaft in klingender Münze (Bagdadbahn) und praktischer Waffenbrüderschaft (1. Weltkrieg) auszahlen – mit anschließendem Bankrott für beide. Immerhin deutsche Wertarbeit: Alle Wasserhähne funktionieren noch ...

Danach folgt südwestlich der fast 20 m hohe **Dikilitaş (Ägyptischer Obelisk)**, der unter Kaiser Theodosius I. (reg. 379–394) hier aufgestellt wurde. Ursprünglich stammt der aus rötlichem Granitstein bestehende Pfeiler aus der ägyptischen Tempelstadt Karnak (Theben). Er datiert aus dem 15. Jh. v. Chr. und ist mit ägyptischen Bild- und Schrifthieroglyphen geschmückt, die den Pharao Thutmosis III. und den Gott Amun nennen. Interessant ist auch der zweistufige Marmorsockel, dessen Reliefs Kaiser Theodosius und seine Familienangehörigen in der Kaiserloge des Hippodroms zeigen.

Ein paar Meter weiter steht in einer Vertiefung der **Burma Sütun** (von den Einheimischen meist als „Yılantaş" – **Schlangensäule** – bezeichnet). Die einst 8 m hohe Bronzesäule (heute nur noch 6 m hoch) war ein Dankgeschenk von 31 Griechenstädten an den Apollon-Tempel zu Delphi für den gegen die Perser errungenen Sieg bei Plataiai (479 v. Chr.). Die

Griechen sollen für die Säule die eroberten Bronzewaffen der Feinde eingeschmolzen haben, um so den spiralförmig verschlungenen dreifachen Schlangenleib bilden zu können. Konstantin der Große ließ die Säule 324 mitten auf dem Hippodrom aufstellen. Die drei vergoldeten Schlangenköpfe, die früher den Säulenkopf bildeten, sind abgebrochen und seit dem 17. Jh. verschwunden. Nur einer der Köpfe tauchte im 19. Jh. wieder auf und befindet sich heute im Archäologischen Museum ❹.

Der im Südwesten des At Meydanı aufragende **Örmetaş (Gemauerter Obelisk)** bringt es auf stolze 32 m, ist aber dennoch seines Besten beraubt. Der byzantinische Kaiser Konstantin VII. Porphyrogenetos (reg. 913–959) ließ den vermutlich spätantiken Kalksteinobelisken zu Ehren seines Großvaters Basileos I. verschönern, indem er ihn mit vergoldeten Bronzeplatten verkleidete, auf denen der Großvater gebührend verherrlicht wurde. Das war für die plündernden Kreuzritter im Jahr 1204 kein Grund, die Bronzeplatten zu schonen. Sie rissen sie ab und das Andenken des Großvaters verschwand in Schmelzöfen.

❯ Tramvay-Haltestelle: Sultanahmet

❼ MUSEUM FÜR TÜRKISCHE UND ISLAMISCHE KUNST (TÜRK VE ISLAM ESERLERI MÜZESI) ★★ [J13]

Zwischen Hippodrom und Divan Yolu stößt der Besucher auf byzantinische Mauerreste, die Palastanlagen und Kirchen des 5. Jh. zugeordnet werden. Das imposanteste und wichtigste Gebäude in diesem Umfeld ist aber der Ibrahim Paşa Sarayı, der heute das sehenswerte Museum für türkische und islamische Kunst beherbergt.

Der Großwesir und langjährige Favorit Sultan Süleymans, Ibrahim Paşa, erhielt im Jahr 1524 an der Nordseite des Hippodroms vom Sultan einen Palast geschenkt, den er zur **größten Privatresidenz der osmanischen Metropole** ausbaute. In späteren Jahrhunderten mehrfach umfunktioniert, umgebaut und renoviert, steht das großzügige, um mehrere Höfe gruppierte Gebäude seit 1983 dem Museum der islamischen Kunst zur Verfügung. Im schönen Arkadenhof der Galerie kann man von der ruhigen Caféterrasse aus entspannt dem Treiben auf dem Hippodrom zusehen.

Die über 40.000 Ausstellungsobjekte reichen von der präislamischen Zeit (Arabien, Ägypten, Mesopotamien) bis zu den islamischen Hochkulturen Anatoliens, Persiens und Zentralasiens (Timuridenzeit). Herrliche türkische und persische Miniaturen

des 15. bis 18. Jh. sowie verschiedene historische Koranausgaben demonstrieren die hohe Kunst der **Buch- und Schriftkalligrafie** in der islamischen Kultur.

Wer sich mehr für die **Teppichkunst** interessiert, findet hier die weltweit größte Sammlung historischer Stücke überhaupt. Neben den kostbaren Exponaten aus Konya, Uşak und anderen Regionen (13.–18. Jh.) gibt es gute (englische) Erläuterungen zur Technik dieses uralten Kunstgewerbes.

Gleiches gilt für die so berühmte osmanische **Fayencenkunst** und ihre Vorläufer sowie für **kunsthandwerkliche Gegenstände** wie z. B. Lampen, Kannen, Schatullen und Holzarbeiten. Neben seldschukischen und osmanischen Stücken sind auch mamelukische (ägyptische) Exponate zu sehen. Besonders hervorzuheben ist die prachtvolle, 1155 hergestellte Holztür der seldschukischen Ulu Camii von Cizre.

❯ At Meydanı 44–46, Tramvay-Haltestelle: Sultanahmet, Eintritt: 5 €, geöffnet: Di–So 9–16.30 Uhr

❽ MOSAIKENMUSEUM (MOZAIKLERI MÜZESI) ★★ [K13]

Der ganze südlich der Sultan-Ahmet-Moschee liegende Hangbereich wurde zu oströmisch-frühbyzantinischen Zeiten von dem großen **Kaiserpalast des Konstantin** (Büyük Sarayı) und seiner Nachfolger eingenommen. Erst im 11. Jh. wechselten die byzantinischen Kaiser in den Blachernen-Palast an der nördlichen Stadtmauer, der Große Palast zerfiel. Kaum etwas von seinen Hallen, Sälen und Atrien ist übrig geblieben und schon zur Zeit der Eroberung durch Sultan Mehmet Fatih war der einst so prächtige Palast zerstört oder aber unter meterhohem Schutt im Erdboden versunken.

In den 1930er- und 1950er-Jahren entdeckten britische Forscher bei Grabungen ein **großes Mosaik**, dessen farbenkräftige Jagd- und Lebensszenen, Bukolik- und Mythosmotive wenigstens einen **kleinen Eindruck der damaligen Palastpracht** vermitteln. Experten putzten in jahrelanger externer Arbeit jedes Steinchen, um das 45 m lange Mosaik dann wieder an Ort und Stelle auszulegen. Heute kann man über einen Steg gehend auf die Mosaikszenen schauen, die wahrscheinlich im 4. oder 5. Jh. entstanden sind.

> Torun Sok. 103, Tramvay-Haltestelle: Sultanahmet, Eintritt: 4 €, geöffnet: Di–So 9–16.30 Uhr

❾ KLEINE HAGIA SOPHIA (KÜÇÜK AYA SOFYA) ★★ [J14]

Über die gepflegte und von mehreren Hotels gesäumte Küçük Aya Sofya Caddesi gelangt man zur Kleinen Hagia Sophia (ehemalige Kirche der Heiligen Sergios und Bakchos), die der Straße den Namen gegeben hat.

Die **Kirche der Märtyrer Sergios und Bakchos** wurde unter Justinian kurz nach dessen Machtantritt im Jahr 527 durch den späteren Architekten der Hagia Sophia, Anthemios von Tralles, errichtet.

Jahrhundertelang war das Gotteshaus ein Ort der Heiligenverehrung, um dann unter Sultan Beyazıt I. (1481–1512) **in eine Moschee umgestaltet** zu werden, wobei Mihrab und Mimber wegen der Ausrichtung nach Mekka schräg zur Bauachse aufgestellt wurden. Erst unter den Türken setzte sich die Bezeichnung Küçük Aya Sofya Camii (Kleine Hagia-Sophia-Moschee) durch.

Die **Hauptkuppel** ruht auf acht gleichsam oktogonal angeordneten Pfeilern. Entgegen dieser inneren Symmetrie sind die Außenwände eher „schief" und unregelmäßig, was man dadurch erklärt hat, dass die Kirche zwischen hier stehenden älteren Palast- und Kirchengebäuden eingefügt werden musste.

▲ *Gebet in der Kleinen Hagia Sophia*

Im schön begrünten **Innenhof** haben sich einige traditionelle **Kunsthandwerker** niedergelassen. Der **Teegarten** ist eine Oase der Ruhe, auch wenn der Touristenzustrom jährlich wächst.

❯ am westlichen Ende der Küçük Aya Sofya Caddesi, vom Hippodrom ca. 10–15 Min. Fußweg, geöffnet: tägl. etwa 9–18 Uhr (bzw. bis nach dem letzten Gebet), Eintritt frei

ZWISCHEN DIVAN YOLU UND GOLDENEM HORN

Zwischen dem Divan Yolu, der Hauptstraße von Sultanahmet, und dem Goldenen Horn liegt der riesige Bazarbereich der Istanbuler Altstadt. Hier bekommt der Besucher außerhalb des Touristenkernbereichs auch zum ersten Mal einen Einblick in türkische Alltagsverhältnisse. Die folgende Strecke ist durchaus zu Fuß zu bewältigen – so man sich nicht im Bazarbereich „verzettelt" oder verirrt ...

❿ DIVAN YOLU UND ÇEMBERLITAŞ ★ [J12]

Der heute von der Hagia Sophia nach Westen laufende Divan Yolu entspricht in seinem Verlauf der **Mese**, also jener **byzantinischen Hauptstraße**, die von Hippodrom und Kaiserpalast ausgehend die westliche Stadt durchzog, um dann nach Thrakien und in den Balkan zu führen. An ihr standen schon zu christlichen Zeiten Paläste, Triumphbögen und Marmorarkaden, und auch für die Osmanen blieb diese Straße die Hauptschlagader der Altstadt. Die türkische Bezeichnung „Divan Yolu" („Weg des Divans") verdeutlicht, dass die Großen des Reiches auf dieser Straße dem Divan des Palastes, später der „Hohen Pforte" des Großwesirs, zueilten.

Heute gehört die einstige Prachtstraße der Straßenbahn und den Touristen (kein Autoverkehr bis zum Beyazıt-Platz [I12]). Alte Türben und

Moscheen stehen neben modernen Shoppingläden, Restaurants und diversen Imbissbuden.

Am östlichen Beginn des Divan Yolu, an der Ecke zur Yerebatan Caddesi, erblickt man leicht vertieft eine recht unscheinbare Säule, den sogenannten **Milion** (4. Jh.). Der kümmerliche Marmorstumpf ist der letzte Rest jenes byzantinischen Triumphbogens (Milliarium Aureum), von dem aus die Distanzen in alle Teile des Reiches gemessen wurden.

Auf der linken Straßenseite erhebt sich die kleine, von einer schönen Vorhalle geschmückte **Firuz Ağa Camii** von 1491. Die Türbe des namensgebenden Stifters – er war Schatzmeister unter Sultan Beyazıt II. (reg. 1481–1512) – steht neben der Moschee.

Hinter der Kreuzung mit der Bab-i Ali Caddesi sieht man rechts die von einem ummauerten Friedhof umge-

EXTRATIPP

Badefreuden
Auf der rechten Seite des Platzes sieht man das 1584 nach Plänen von Sinan erbaute **Çemberlitaş Hamamı** (s. S. 42), das von Nurhanu Sultan – der Mutter Sultan Murats III. – gestiftet wurde. Das **prachtvolle Hamam** gehört sicherlich zu den schönsten, deshalb aber touristisch meistfrequentierten und folglich teureren Bädern der Stadt.

benen **Türben** von Sultan Mahmut II. (reg. 1808–1839) und Sultan Abdülaziz (reg. 1861–1876).

Auf halbem Weg zwischen Hagia Sophia ❶ und Großem Bazar ⓫ sieht man rechter Hand einen großen Pfeiler: **Çemberlitaş**. Die einst **über 50 m hohe Säule** ist der Rest des einst so prächtigen **Konstantinischen Forums**. Ihre Spitze krönte einst die Statue Konstantins des Großen, der angeblich in der Säule so fantastische Reliquien wie die Axt Noahs und Nägel vom Kreuz Christi aufbewahrte. Von Unwettern und Erdbeben geschüttelt verlor die Säule Statue wie Kapitell (und wahrscheinlich auch Axt und Nägel). Ein Brand gab ihr dann fast den Rest, hätte Sultan Abdülhamit I. (reg. 1774–1789) sie nicht mit Eisenringen stützen lassen. Seitdem nennen die Türken die nur noch 35 m hohe „Verbrannte Säule" offiziell „Beringte Säule" (wird zzt. restauriert).

Die nahe Çemberlitaş gelegene **Nuruosmaniye Camii** wurde zwischen 1748 und 1756 im Auftrag von Sultan Mahmud I. (reg. 1748–55) erbaut. Der mächtige Kuppelbau stellt die **erste Barockmoschee** Istanbuls dar, wie die verspielte Innendekoration von Pfeilern und Fensterreihen zeigt. Ein absolutes Novum ist auch das Fehlen des Şadırvan (Reinigungsbrunnen) im hufeisenförmigen Vorhof.

Die Fortsetzung des Divan Yolu, die Yeniçeriler Caddesi, führt an der im Jahr 1496 erbauten **Atik Ali Paşa Camii** vorbei, die nach dem Großwesir Sultan Beyazıts I. benannt ist. In der von einigen schiefen alten Grabsteinen umgebenen **Sinan Paşa Medresesi** (Koranschule, die Türbe des Stifters steht daneben) wie auch in der von Teppichhändlern genutzten Medrese der **Çorlulu Ali Paşa Camii** (1716) laden gemütliche Nargile-(Wasserpfeifen-)**Teegärten** zur Rast im Schatten ein.

❭ Tramvay-Haltestelle: Sultanahmet oder Çemberlitaş

⓫ GROSSER BAZAR (KAPALI ÇARŞI) ★ ★ ★ [I12]

Der Kapalı Çarşı ist die größte historische Shoppingmall der Welt und stellt mit seinen prächtigen Arkadenstraßen und verwinkelten Hanen, seinen farbigen und funkelnden Auslagen für viele Touristen das orientalische Erlebnis schlechthin dar.

Sultan Mehmet Fatih ließ kaum sieben Jahre nach der Eroberung Konstantinopels hier einen ersten **Bedesten** (überdachter Bazar) errichten, um den sich in der Folge weitere Märkte bildeten. Dieser **Eski Bedesten** (alte

O35ib Abb.: rk

▶ *Eingangstor zum Großen Bazar*

Büchermarkt

Am Westrand des Großen Bazars liegt der Sahaflar Çarşısı (s. S. 19), der Büchermarkt. In den kleinen Läden stapeln sich neue wie alte Werke, darunter viele religiöse Schriften. Schüler und Studenten versuchen dagegen, das profan Nötige zu finden, und Kunstinteressierte forschen nach kalligrafischen Schnäppchen oder Miniaturmalereien. Die Büchergasse öffnet sich schließlich zu dem weiten Platz um die Beyazıt Camii ⑫, wo unter schattigen Platanen ein beliebter **Teegarten** zur Pause einlädt.

Markthalle) liegt heute in der Mitte des rund 20 ha großen Bazars. Aufgrund seiner schützenden Zentrallage und der Tatsache, dass er separat abschließbar ist, findet man hier die kostbarsten Waren: **Antiquitäten, Gold- und Juweliergeschäfte.** Wegen der zahlreichen Feuersbrünste, denen immer wieder große Teile des Markts zum Opfer fielen, wurde schließlich auch der anfangs aus Holz bestehende Eski Bedesten im 18. Jh. in Form einer überkuppelten Steinhalle wiederaufgebaut. In der Nähe des östlich gelegenen Nuruosmaniye Kapısı liegt ein zweiter überkuppelter Bedesten, der **Sandal Bedesten.** Die ursprünglich im 16. Jh. als Textil- und Seidenmarkt dienende Markthalle besitzt heute mit der jeden Mittwoch um 13 Uhr stattfindenden **Teppichversteigerung** eine besondere Kuriosität.

Das zweite historische Bauelement des Bazars stellt der **Han** dar. Diese **Händlerherbergen** waren meist um einen geschützten Innenhof angelegt, an dessen Seiten sich Zimmer und Warenlager befanden. Oft gehörten noch ein Brunnen und eine Moschee dazu. Die Händler, die aus allen Teilen des Reiches nach Istanbul kamen, gründeten im Großen Bazar mehr als 40 Hans, die heute noch teilweise erhalten und oft besonders reizvoll sind.

Zwischen den Hans und den beiden Bedesten erstreckt sich ein **labyrinthisches Gewirr** an Straßen und Gassen, in denen **über 4000 (!) Geschäfte** auf Kunden warten. Natürlich gibt es im orientalischen Shoppingparadies auch Cafés, Restaurants und Geldwechsler – und auch ein Postamt. Verkauft wird Großes und Kleines, vom einfachen Teelöffel bis zum einmaligen Hochzeitsteppich fürs Leben.

Der ummauerte und durch 17 Tore zugängliche Bazar, der nach 19 Uhr abgeschlossen wird, ist – wie übrigens auch in anderen Einkaufsvierteln oft noch üblich – **nach Gilden gegliedert,** d. h., Goldverkäufer, Schuhverkäufer, Kofferverkäufer, Bücherverkäufer etc. sind unter sich und bilden homogene Märkte im Markt. Einheimische pflegen hier allerdings in aller Regel gar nicht oder nur ausgesucht wenig zu kaufen, vielleicht Schmuck oder Gold für die Hochzeit oder aber besonders edle oder seltene Stoffe.

Ansonsten marschieren die Istanbuler – und das sei entschieden auch dem Besucher empfohlen – durch den Bazar nach Norden **hinab zum Goldenen Horn** nach Eminönü. Denn hinter dem Kapalı Çarşı hört der Markt keineswegs auf, man könnte sogar sagen, hier fängt er für die Istanbuler erst richtig an. Wer den Bazar an seiner Nordseite über die Yağlıkçılar

► *Das Eingangstor zur Universität am Beyazit-Platz*

Sokak [I12] (und ihre Verlängerung Örücüler Caddesi) oder etwas weiter östlich über die **Mahmutpaşa Yokuşu** [I12] nach Norden geht, gelangt hinunter zum Goldenen Horn. Die Verlängerung der Yağlıkçılar Sokak [I12], die nahe der Rüstem-Paşa-Moschee ⓮ endet, heißt **Uzun Çarşı Caddesi** („Lange Marktstraße"), und dieser Name ist Programm: Läden reihen sich an Läden, die hier ohne Funkeln und Dekor ganz Praktisches meist billiger verkaufen.

❯ Tramvay-Haltestelle: Beyazıt, geöffnet: 9–19 Uhr, So geschl.

⓬ BEYAZIT-PLATZ (BEYAZIT MEYDANI) ★★ [I12]

Das ganze geschäftige Areal zwischen dem Großen Bazar, der Universität und der Ordu Caddesi wird unter Istanbulern als „Beyazıt" bezeichnet, denn die große Moschee des Namenspenders, Sultan Beyazıt II. (reg. 1481–1512), steht dominierend im Zentrum.

In spätrömischer Zeit glänzte hier das **Theodosianische Forum** (auch „Forum Tauri" genannt), das 393 von Kaiser Theodosius I. mit einem Triumphbogen geschmückt wurde und dessen spärliche Trümmerreste – einige wenige Säulenfragmente – sich heute am Rande der Ordu Caddesi finden.

Die **Beyazıt Camii** (1500–1505) ist die **älteste noch bestehende Sultansmoschee der Stadt**. Der Architekt Hayrettin orientierte sich sichtlich an dem großen Vorbild der Hagia Sophia ❶, sodass die mächtige, von Fenstern durchbrochene Zentralkuppel das prägende Bauelement darstellt. Im Inneren ist vor allem die schön gearbeitete **Marmor-Sultansloge** hervorzuheben. Im Vorhof besticht der überdachte, reizvolle **Şadırvan**, der zu den schönsten Reinigungsbrunnen der Stadt gezählt wird.

Die **vielen Tauben** auf dem westlichen Vorplatz haben dem Gotteshaus den Zweitnamen „**Güvercin Camii**" („Taubenmoschee") eingebracht.

036ib Abb.: fk

Eine Legende erzählt, dass Sultan Beyazıt hier einst einem armen Mann eine Taube abgekauft habe, die – in Freiheit entlassen – sich zum Dank kräftig fortgepflanzt habe.

Nordwestlich gegenüber der Moschee fällt sofort das mächtige, im maurischen Stil gehaltene **Tor der Universität** ins Auge. Über dem Eingang steht in lateinischen Ziffern die Jahreszahl 1453, das Jahr der Eroberung durch die Osmanen. Die Universität selbst wurde erst 1845 durch Sultan Abdülmecit I. (reg. 1839–1861) gegründet.

Nach Durchschreiten des Tors gelangt man in ein baumbestandenes Parkgelände, in dem sich rechter Hand der große weiße **Beyazıt-Turm (Beyazıt-Kulesi)** erhebt. Dieser im osmanischen Stil erbaute, weithin sichtbare Turm ist eines der Wahrzeichen Istanbuls. Er wurde 1828 anstelle eines hölzernen Vorgängers als **Feuermeldeturm** errichtet, da von seiner rund 50 m hohen Plattform jeder aufsteigende Rauch frühzeitig gesichtet werden konnte.

❯ Tramvay-Haltestelle: Beyazıt

⓭ SÜLEYMANIYE-MOSCHEE ★★★   [H11]

Nördlich des Universitätsgeländes erhebt sich – buchstäblich und übertragen – auf dem dritten Hügel der Stadt einer der unbestreitbaren Höhepunkte Istanbuls. Denn Blaue Moschee hin, Blaue Moschee her, der ästhetische Spitzenplatz unter all den Sakralbauten der Weltstadt gebührt der Süleymaniye. Sie ist ein Meisterwerk der Harmonie und Schwerelosigkeit, eine Moschee, wo Geist und Augen ganz von allein in die Höhe streben, ja emporgezogen werden. Wenn der Architektur, so wie in der Gotik, ein

räumlicher Versuch der Transzendenz überhaupt möglich ist, so hat Allah beim Bau der Süleymaniye gnädig mit den Augen gezwinkert – und den richtigen Mann zur richtigen Zeit an die richtige Stelle gelenkt.

Dieser Mann war das in Istanbul allgegenwärtige **Architektur-Genie Koca Mimar Sinan** (um 1490–1588). Zwischen 1550 und 1557 konzipierte und dirigierte er mit 3500 Arbeitern und einem Budget von 700.000 Golddukaten den Bau dieser **Zentralkuppelmoschee,** die auf einer eingeebneten Plattform über dem Goldenen Horn dem größten Sultan der Osmanen, Süleyman I. Kanunı („der Gesetzgeber", bei den Europäern meist „der Prächtige" genannt) ein kongeniales Andenken setzen sollte.

Schon die steinerne **Zahlensymbolik der Minaretts** verdeutlicht dies: Die Süleymaniye hat vier Minaretts. Die beiden kleineren zeigen jeweils zwei Galerieumgänge (also zusammen vier, Sultan Süleyman war der vierte Sultan in Istanbul), die beiden größeren haben jeweils drei Umgänge – macht insgesamt zehn, und Süleyman war der zehnte Sultan der Osmanen überhaupt.

Der **Külliye-Komplex** der Moschee gruppiert sich um einen weiten äußeren Vorhof, der an drei Seiten von einer Mauer, im Nordosten aber von einer Aussichtsterrasse begrenzt wird, die einen schönen Blick über das Goldene Horn ermöglicht.

Südöstlich der Moschee befindet sich der fast quadratisch angelegte **Friedhof,** auf dem die **prachtvollen Türben** Sultan Süleymans und seiner Lieblingsfrau Haseki Hürrem (Roxelane) untergebracht sind. Die große, oktogonale Kuppeltürbe des Sultans wie auch die kleinere der Haseki sind innen mit prachtvollen Iznik-

KOCA MIMAR SINAN –
DER GRÖSSTE KÜNSTLER DER OSMANEN

An ihm führt in Istanbul kein Weg vorbei: Koca Mimar Sinan, der Sohn einer wahrscheinlich österreichischen Sklavin, gilt zu Recht als **größtes Bau- und Kunstgenie der Osmanen.**

Sein Geburtsjahr setzt man auf 1490 oder etwas später an. Fest steht, dass die Mutter um 1499 freigelassen wurde, da ihr Herr, ein Pascha, starb. Sie zog in ein Dorf in der Nähe von Kayseri, wo andere christliche Untertanen lebten. Im Zuge der **Knabenlese** *(„Devşirme") wurde der junge Sinan von seiner Mutter getrennt und zur Ausbildung nach Istanbul gebracht. In der Palastschule konvertierte er zum Islam, um dann als* **Janitschar** *in der Militärausbildung auf Ingenieursaufgaben vorbereitet zu werden. Zwischen 1521 und 1538 begleitete Sinan Sultan Süleyman auf zahlreichen Kriegszügen, darunter auch der Feldzug zur ersten Belagerung Wiens im Jahr 1529.*

Vor allem durch den Bau von Brücken und Kriegsmaschinen fiel der junge Ingenieur dem Sultan schließlich auf. Sinan wurde 1539 zum **Hofarchitekten** *des ganzen Reiches ernannt. Damit durfte er das Janitscharenkorps verlassen, um sich auf breiter Ebene als Architekt entfalten zu können. Und das Ergebnis war qualitativ wie quantitativ gewaltig:* **477 (!) Bauwerke** *gehen auf das Konto Sinans, darunter 107 Moscheen, 74 Medresen (Koranschulen), 56 Hamams, 52 Mescits (kleinere Gebetshäuser), 45 Türben, 38 Paläste, 31 Karawansereien, 22 Imarets (Armenküchen), neun Brücken, acht Hane, acht Zisternen,*

sieben Aquädukte, sechs Grundschulen, sechs Derwischklöster, fünf Pavillons und drei Spitäler.

Berühmt aber wurde er durch die **Eleganz seiner Moscheen:** *Die Prinzenmoschee* **㉕** *(1544-1548) in Istanbul bezeichnete Sinan als sein „Lehrlingsstück" - immerhin war der Lehrling da schon rund 50 Jahre alt -, die Süleymaniye* **⑬** *(1550-1557) begriff er als sein „Gesellenstück" (welch bescheidene Qualifizierung!), die Selimiye (1569-1575) in Edirne krönte sein Leben als „Meisterwerk". Beim Bau der letztgenannten Moschee, deren Statik und Harmonie in der Tat die der Süleymaniye noch überragen, war der Meister 80 Jahre alt.*

Der Sinn für **harmonische Proportionen,** *das kontrastierende Wechselspiel gerundet-mächtiger Kuppelgebirge und pfeilschlanker Minaretts, die Ausleuchtung des Raums, die oft schlichte Eleganz der Details und natürlich der Wunsch, das große Vorbild, die christliche Hagia Sophia* **❶**, *zu übertreffen, haben ein architektonisches Genie hervorgebracht, wie es die Osmanen später niemals wieder finden sollten.*

Der **„Michelangelo der Osmanen",** *der „Dichter der Steine", starb 1588 im Alter von fast 100 Jahren. Er hatte drei Sultanen gedient - Süleyman, Selim II. und Murad III. -, aber seinen Aufstieg vom Sklaven zum imperialen Hofbaumeister der Osmanen verband er wohl selbst mit dem ersten und größten unter diesen dreien. Neben der großartigen Süleymaniye liegt sein einfaches Grab.*

03?ib Abb.: ?K

Fliesen geschmückt. Neben dem Sultan haben hier auch seine Tochter Mihrimah sowie die Sultane Süleyman II. und Ahmet II. ihre letzte Ruhe gefunden.

Man betritt den nordwestlich der Moschee gelegenen **inneren Vorhof** durch ein stalaktitengeschmücktes hohes Tor, auf dem in arabischer Schrift die *Shahada* (das Bekenntnis) steht: „Es gibt keinen anderen Gott als Allah, und Mohammed ist sein Prophet."

Wohl kein Besucher kann sich beim Betreten der Moschee dem geradezu **überwältigenden Raumeindruck** entziehen, der aus den genialen Proportionen eines fast quadratischen Grundrisses von ca. 60 m Seitenlänge (Fläche über 3400 m²) und der sich darüber wölbenden riesigen Kuppel (Durchmesser 27 m, Höhe 53 m) resultiert. Letztere steht auf vier mächtigen Elefantenfüßen und wird im Osten und Westen durch zwei wohlproportionierte Halbkuppeln flankiert. Im Norden und Süden schließen über einem dreifachen Arkadenbogen fensterdurchbrochene Tympana (Schildwände) den Raum. Die farblich abgegrenzten Bögen und Schildwände wie auch die teilweise prachtvoll bemalten 138 Fenster (besonders an der Mihrab-Wand) verstärken noch den lichtdurchfluteten Raumeindruck einer göttlichen Erhabenheit.

Der Mihrab, obgleich aus kostbarem Marmor und von schönen Fayencen eingefasst, wiederholt die maßvoll-schlichte Eleganz, die auch

EXTRATIPP

Sinans Grab

Außerhalb der äußeren Vorhofmauer, unmittelbar vor der nördlichen Spitze des Hofrechtecks, liegt im spitzen Winkel zweier Straßen, Mimar Sinan und Şifahane Sokak, erhöht die **Türbe** des größten Baumeisters der Osmanen, **Koca Mimar Sinan.** Ein Freund Sinans, der Dichter Mustafa Sa'i, ließ eine Widmung in den Stein schreiben, die u. a. feststellt: „Baumeister war dieser erlesene Mann dem Süleyman Chan. Er schuf eine Moschee, die vom höchsten Paradiesgarten kündet." Das von Sinan selbst entworfene und von einem Baldachin geschmückte Grab ist typisch für den Mann: fein, aber bescheiden, wenn nicht sogar unscheinbar. Aber wer braucht schon ein persönliches Prachtgrab, wenn er im unsterblichen Schatten seines „Paradiesgartens" ruht ...

◀ *Das Grab des größten Architekten der Osmanen, Sinan, befindet sich in der Nähe der Süleymaniye-Moschee*

Mimber und Sultansloge, ja das ganze Werk auszeichnen. Es ist vielleicht diese **Verbindung von Größe und Maß, Transzendenz und Einfachheit**, der die Süleymaniye ihre überwältigende und gleichzeitig harmonische Wirkung verdankt.

❯ Tramvay-Haltestelle: Beyazıt, dann ca. 10 bis 15 Min. Fußweg, Türben geöffnet: 9.30 – 16.30 Uhr, Eintritt frei

⓮ RÜSTEM-PAŞA-MOSCHEE (RÜSTEM PAŞA CAMII) ★★ [I10]

Von der Süleymaniye bergab gehend erreicht man das geschäftige Gassengewirr von Tahtakale. Hier liegt in der Hasırcılar Caddesi (Hausnummer 80) der fast versteckte Eingang der Rüstem Paşa Camii. Die **wegen ihrer reichen Iznik-Fliesenausstattung berühmte Kuppelmoschee**, ein Kleinod unter den Gebetshäusern Istanbuls, wurde 1561 von dem Großwesir Rüstem Paşa, dem Ehemann der Süleyman-Tochter Mihrimah, in Auftrag gegeben und vom berühmten Architekten Sinan erbaut.

Über eine Steintreppe gelangt man in den Vorhof, dessen blau-grüner Fliesenschmuck schon andeutet, welche Pracht den Besucher im Innern erwartet. Es war die Blütezeit der Iznik-Manufakturen und es ist nicht übertrieben, das Innere der Moschee als ein „Fayencen-Museum" zu bezeichnen, in dem man ausführlich geometrische wie florale Stilisierungen und Farbmuster studieren kann. Beachtung verdienen außerdem die bemalten Holzdächer der Emporen und das mit Intarsien geschmückte Predigerpult.

❯ Hasırcılar Caddesi 80, Tramvay-Haltestelle: Eminönü (wer von der Süleymaniye kommt, geht 10 bis 15 Min. bergab), Eintritt frei

⓯ ÄGYPTISCHER BAZAR (MISIR ÇARŞI) ★★ [J11]

In den ständig überfüllten Gassen rund um den überdachten „Gewürzbazar" können Shoppingfanatiker leicht den ganzen Tag verbringen. Der ziegelsteinrote, zwischen 1597 und 1664 errichtete **L-förmige Bazar** ist zusammen mit der benachbarten Yeni Camii (s. u.) geplant und realisiert worden, um die finanziellen Einkünfte eben jener Moschee zu erhöhen. Berühmt wurde er vor allem wegen seiner **farben- und geruchsstarken Gewürzsäcke**, neben denen aber auch Süßigkeiten wie z. B. *Lokkum* (Türkischer Honig), eingelegtes Gemüse, Nüsse, Wurst, Käse und heute auch touristische Artikel verkauft werden.

An der Südostseite des Bazars hat sich ein Blumen- und Tiermarkt etabliert, an der Südwestseite warten Hosen-, Jacken- und T-Shirt-Berge (kopierte Markenartikel) und im nordwestlichen Viertel Tahtakale können vom Flechtkorb über den Wasserhahn bis zu Viagra alle möglichen geprüften und ungeprüften Produkte erworben werden.

❯ Tramvay-Haltestelle: Eminönü, geöffnet: 9 – 19 Uhr, So geschl.

⓰ EMINÖNÜ, GALATA-BRÜCKE ★★ [J10]

Der direkte Weg von Sultanahmet über Sirkeci nach Eminönü folgt den Gleisen der Straßenbahn. Rechts passiert man den im orientalischen Stil erbauten **Bahnhof Sirkeci** [K11], die „Endstation Europas", in dem seit 1889 der durch Bücher und Filme berühmt gewordene „Orient-Express" ankam. Nur wenige Meter weiter erreicht man dann die hektischen

Fähranlegestellen von **Eminönü** [J10] und damit den **Eingang zum Haliç (Goldenes Horn)**. Vom Ufer hat man einen schönen Blick auf den auf der gegenüberliegenden Seite thronenden Galata-Turm ⑰ und die Kais von Karaköy, an denen häufig die großen Kreuzfahrtschiffe anlegen.

Die beiden Ortsteile Eminönü und Galata/Karaköy (Pera) werden durch die **Yeni Galata Köprüsü (Galata-Brücke)** [J10] miteinander verbunden – ein geschäftiges Nadelöhr der Stadt, das jeden Tag ungefähr 500.000 Menschen passieren. Die Brücke, über die heute auch die Tramvay fährt, ist 470 m lang. Fertiggestellt wurde sie von Thyssen 1991, im Untergeschoss unter der Fahrbahn finden sich zu beiden Seiten viele Restaurants und Cafés. An den Brückenköpfen brummt es! Vor allem die Eminönü-Seite ist ein **großer, wimmelnder Straßenbazar**, auf dem reguläre und irreguläre Händler insbesondere Textilien zu Schleuderpreisen feilbieten.

Noch gedrängter geht es in den Unterführungen zu, von denen eine zur gegenüberliegenden imposanten **Yeni Valide Camii** (Neue Moschee der Sultansmutter) führt. Im Jahr 1597, also zur Zeit der „Weiberherrschaft",

beauftragte die Valide (Sultansmutter) Safiye den Architekten Davut Ağa, einen Schüler Sinans, mit dem Bau einer neuen Moschee, die aber erst 1664 unter der Valide Turhan und dem Baumeister Mustafa Ağa fertiggestellt wurde. Die wegen ihrer markanten Lage am Bosporus oft fotografierte Yeni Camii, deren Taubenbestand locker mit dem der Beyazıt Camii (siehe ⑫) mithalten kann, beeindruckt vor allem durch ihre **36 m hohe Zentralkuppel**.

❯ Tramvay-Haltestelle: Eminönü

DAS EUROPÄISCHE ISTANBUL

Jenseits der Galata-Brücke liegen jene Stadtteile Istanbuls, die schon von alters her als „europäische", also westlich orientierte Stadtteile verstanden wurden. Hier präsentiert sich Istanbul als eine moderne, wirtschaftlich wie kulturell geschäftige Metropole mit westlichen Lebensnormen.

⑰ KARAKÖY UND GALATA-TURM (GALATA KULESI) ★ [J9]

Jenseits des Goldenen Horns lagen die Stadtteile der einst **als „Galata" bekannten genuesischen Handelskolonie.** Als im Jahr 1261 der byzantinische Kaiser Michael VIII. (1259–82) nach einem fast 60-jährigen Exil die Hauptstadt Konstantinopel den westlichen Kreuzfahrermächten wieder abnehmen konnte, geschah dies mit der Flottenunterstützung Genuas. Als Dank (oder besser: Bezahlung) erhielten die Genuesen das Privileg, auf der anderen Seite des Horns eine Kolonie zu errichten. Auch nach der Eroberung Konstantinopels waren und

KLEINE PAUSE

Bosporus-Blick von der Brücke
Die **Cafés der Galata-Brücke** bieten einen idealen Platz, um mitten im Getümmel den Fährverkehr des Bosporus zu studieren. Von der westlichen Brückenseite schaut man auf das Goldene Horn und die Süleymaniye ⑬ , von der östlichen Seite auf den Bosporus und das asiatische Ufer. Egal welche Seite: ein ideale Gelegenheit für eine Pause im Herzen der Metropole.

blieben diese Viertel die bevorzugten **Wohnquartiere von westlichen Ausländern, Griechen, Juden** und (später) **Armeniern.** Die vielen, oft in kleinen Gassen und hinter hohen Mauern versteckten **Kirchen und Synagogen** belegen dies noch heute.

Gegen Ende des Osmanischen Reiches wohnten in Galata reiche Finanziers, in deren Händen viele ausländische Geschäfts- und Bankverbindungen zusammenliefen. So prägen die alten hohen Bürger-, Geschäfts- und Bankhäuser der Jahrhundertwende noch heute die dunklen engen Gassen. Einheimische leiten den türkischen Namen Galatas, **Karaköy** („Schwarzes Dorf"), denn auch von den rußgeschwärzten Gassen- und Häuserschluchten dieses Viertels ab.

Während der politischen Unruhen der 1950er-Jahre – deren nationalistisch-rassistische Ausschreitungen auch die in diesem Viertel ansässigen Armenier und Griechen schwer trafen – sank Karaköy zu einem verlassenen, toten Ort ab: Die Häuser standen leer und verfielen, es gab entgegen dem ansonsten überall pulsierenden Treiben kein Leben mehr in den alten Straßen. Erst in den letzten 15 Jahren haben private Gesellschaften langsam mit der **Restaurierung und Wiederbelebung** des einst so ansehnlichen Stadtviertels begonnen.

Inmitten dieses steil ansteigenden Stadtteils liegt auf halber Höhe der weithin sichtbare **Galata-Kulesi (Galata-Turm),** eines der spektakulären **Wahrzeichen Istanbuls.** Nachts glänzt er wie eine erleuchtete Christbaumkugel über dem Goldenen Horn und im

▶ *Altstadtgassenatmosphäre*

Luxus-Restaurant der obersten Etage (s. S. 35) genießen Gutbetuchte beim Bauchtanz den Ausblick.

Von Genuesen Mitte des 14. Jh. als Wachtturm erbaut, stellt der wuchtige Turm den einzigen noch erhaltenen Teil der **mittelalterlichen Stadtbefestigung** Galatas dar. Von seiner 61 m hohen **Plattform** genießt man einen weiten Um- und Ausblick.

❯ Tramvay-Haltestelle: Karaköy (direkt hinter der Brücke)
❯ Eintritt Galata-Turm: 5 € (für die Aussichtsplattform), geöffnet: 9–20 Uhr, danach nur Restaurantgäste

⓲ BEYOĞLU – ISTIKLAL CADDESI ★ ★ ★ [K7]

Die auf einem Hügelgrat zwischen Bosporus und Goldenem Horn verlaufende Istiklal Caddesi verbindet die Seilbahn-Station Tünel [J8] mit dem nordöstlich gelegenen Taksim-Platz [L6]. Von dieser verkehrsberuhigten Hauptstraße (nur die historische Tramvay fährt hier) fallen rechts und links schmale, von hohen Häuserschluchten bestimmte Gassen zum Goldenen Horn bzw. zum Bosporus ab. Beyoğlu, so der Name dieses Stadtteils (im Sprachgebrauch oft mit Taksim gleichgesetzt), ist ein in ganz Istanbul bekanntes **Synonym für Nightlife und westliche Lebenskultur.**

Unzählige Cafés, Geschäfte, Galerien, Kinos, Musik- und Bücherläden samt einer schier unüberschaubaren, brodelnden Nightlife-Szene, in der jeder auf seine ruhigen oder lauten Kosten kommt, haben das Viertel in einen täglichen **multikulturellen Hotspot** verwandelt. Hier geht buchstäblich alles: Minirock neben Kopftuch, Transvestiten, Gays und Lesben, moderner Chic neben den letzten Grand Seigneurs und der neuesten Jeansmode, Intellektuelle neben feiernden Fußballfans, russische Feinschmeckerlokale neben kurdisch-türkischen Lokantas und afrikanische Reggae-Discos neben schicken Szeneklubs und authentischen Türkü-Bars.

Wer von Süden nach Norden (also von Tünel nach Taksim) über die **Istiklal** flaniert, passiert zunächst einige prachtvolle Konsulatsvertretungen und Jugendstilhäuser (z. B. das **Botter-Haus**, Nr. 235) sowie einige, manchmal halbversteckte Kirchen (z. B. **St. Maria Draperis Kirche** von 1789, Nr. 215). Beeindruckend ist auch die mächtige, ziegelsteinrote Fassade der neugotischen **St. Antuan di Padova Kilisesi** (Franziskanerkirche von 1913, Nr. 171), deren Tor und Erker deutlich dem Renaissancestil verpflichtet sind. Das folgende von 1907 stammende **Galatasaray Lisesi** war als französisches Lycée seit 1868 das berühmteste Gymnasium der Stadt.

Schräg gegenüber (Nr. 170) befindet sich nahe dem kleinen Fischmarkt die berühmte **Çiçek Pasajı** („Blumenpassage", überschrieben mit „Cité de Pera"), eine 1876 mit üppigen Barockelementen ausgestattete Passage, die heute wegen ihrer vielen Restaurants bekannt ist. Kurz vor dem **Taksim-Platz**, dem Zentrum des westlichen Istanbuls und wichtiger Verkehrsknotenpunkt, steht rechts etwas abseits der große überkuppelte Dom der orthodoxen **Agia-Triada-Kirche** (1880).

❯ Anfahrt: mit Tramvay bis Karaköy, dann Tünel-Bahn, oder mit Tramvay nach Kabataş, dann Zahnradbahn (Füniküler) zum Taksim-Platz

🔴19 PERA-MUSEUM (PERA MÜZESI) ★★ [J7]

Auf der Meşrutiyet Caddesi gelangt man zu dem im Juni 2005 eröffneten Pera-Museum, das in einem renovierten Patrizierhaus von 1893 untergebracht ist. Die ersten beiden Stockwerke beherbergen permanente **archäologische Exponate** (Ausstellungsthema: anatolische Gewichte und Maße) bzw. eine **Keramikabteilung**, die sich den berühmten Kütayha-Fliesen widmet.

Ebenfalls zum festen Ausstellungsrepertoire gehört die historisch interessante **Bildergalerie** über ottomanische Themen und Personen des 17. bis 20. Jh. (Porträtausstellung), deren Exponate europäische wie auch türkische Maler präsentieren. Die oberen drei Stockwerke des von privaten Stiftungen finanzierten, modern und besucherfreundlich konzipierten Museums dienen temporären Ausstellungen.

❭ Meşrutiyet Cad. 65, parallel zur Istiklal Caddesi, Anfahrt s. dort, www.peramu zesi.org.tr, Eintritt: 3,50 €, geöffnet: Di–Sa 10–19, So 12–18 Uhr

⑳ RUND UM TOPHANE ★ [K8]

Tophane, die **ehemalige osmanische Kanonengießerei**, wurde bereits unter Sultan Mehmet Fatih im 15. Jh. gegründet. Das gegenwärtige weiß-rot gestreifte Ziegelsteingebäude mit seinen acht Kuppeln stammt aus dem Jahr 1803 und dient heute als **Kulturzentrum.**

Gegenüber steht rechts nahe dem Bosporus-Ufer die von einer tief liegenden Vordachkonstruktion bestimmte, etwas düster wirkende **Kılıç Ali Paşa Camii**, die zwischen 1580 und 1587 von Sinan (s. S. 79) erbaut wurde. Der Auftraggeber, Ali Paşa, stieg unter Sultan Selim II. (reg. 1566–1574) vom Kriegssklaven zum *Kapudan Paşa* (Großadmiral der osmanischen Flotte) auf und erhielt aufgrund seiner militärischen Fähigkeiten den Beinamen „Kılıç" (Schwert).

Unmittelbar hinter der Moschee steht an der Hauptstraße der schöne **Saliha Sultan Çeşmesi,** eher bekannt als **„Tophane Çeşmesi",** ein **überdachter Rokoko-Kuppelbrunnen** aus dem Jahr 1732.

Folgt man hier der Hauptstraße Kemeraltı Caddesi nach Norden, gelangt man zur barock ausgestatteten **Nusretiye Camii,** die unter Sultan

Mahmut II. (reg. 1809–1839) erbaut wurde. Er beauftragte den armenischen Architekten Kirkor Balyan – dessen Söhne sollten Jahre später den berühmten Dolmabahçe-Palast ㉒ verschönern – mit dem Bau der Zentralkuppelmoschee, die zwei schöne schlanke Minaretts und eine geradezu spanisch anmutende Flügeltreppe besitzt. Auch das Innere der Moschee mit ihren bemalten Trompe-l'Œil-Fenstern verrät einen stark europäisch beeinflussten Dekorationsstil.

❭ Tramvay-Haltestelle: Tophane

㉑ ISTANBUL MODERN (ISTANBUL MODERN SANAT MÜZESI) ★★ [L8]

Direkt am Bosporus und an den Anlegestellen der Kreuzfahrtschiffe in Karaköy ist seit 2004 das sehenswerte **Museum der modernen Kunst** untergebracht. In einer 8000 m² großen Lagerhalle bieten zwei Ebenen eine repräsentative Ausstellungsfläche für Werke der modernen türkischen Kunst, darunter auch eine hervorragende **Fotoabteilung.** Die Ausstellungsstücke umfassen eigene und temporäre Exponate.

Ein Besuch lohnt sich auch für denjenigen, der sich weniger für avantgardistische Kunst interessiert, verfügt das Museum doch über ein **stilvolles, modernes Café-Restaurant**, dessen Außenterrasse direkt am Bosporus liegt. Seine große Glaswand garantiert einen **herrlichen Blick über den Bosporus** nach Asien – falls nicht gerade direkt vor dem Fenster ein Ozeanriese angelegt hat.

❭ Meclisi Mebusan Caddesi, Tramvay-Haltestelle: Tophane, Tel. 0212 3347300, www.istanbulmodern.org, Eintritt: 3,50 € (Do frei), geöffnet: Di–So 10–18, Do 10–20 Uhr, Mo geschl.

㉒ DOLMABAHÇE-PALAST (DOLMABAHÇE SARAYI) ★★★ [N5]

Im Jahr 1855 zog Sultan Abdülmecit I. (1839–1861) mit seinem Hof vom alten Topkapı-Palast in den von ihm in Auftrag gegebenen Dolmabahçe Sarayı um. Bis zum Ende des Osmanischen Reichs diente dieses Repräsentationsgebäude an den Ufern des Bosporus als **Hauptpalast der letzten Sultane.** Der Sultan erteilte 1843 dem Hofarchitekten Karabet Balyan und seinem in Frankreich ausgebildeten Sohn Nikoğos Balyan den Auftrag, den großen dreiteiligen Palast zu erbauen. In der Mitte der über 600 m (!) langen Anlage steht zentral der große **überkuppelte Thronsaal.** Südlich davon befanden sich die Räume des **Selamlik** (öffentliche Regierungs- und Audienzräume), nördlich davon die Zimmer des **Haremlik** (Privat- und Frauengemächer). Beide Teile werden in jeweils separaten Führungen gezeigt.

Man lasse sich aber nicht blenden: Die exzessive Dekoration des Prunkpalastes präsentiert weit eher die sich hinter äußerem Glanz versteckende Dekadenz des einst so mächtigen Reiches als seine schöpferische Kraft.

Mit seinem **zwischen Barock, Rokoko und französischem Empire-Neoklassizismus** schwankenden Synkretismus bezeugt die europäische „Anleihe", wie weit das Reich und seine Herrscher bereits geistig und materiell kolonialisiert waren. Die Massen an Gold (14 Tonnen!) und anderen Kostbarkeiten, die hier verpulvert und verarbeitet wurden, waren reine Patina: Wenige Jahre später, im Jahr 1876, musste das einst so stolze Reich den offiziellen Staatsbankrott erklären.

Der **Eingang** zum Dolmabahçe Sarayı wird von dem vierstöckigen **Saat Kulesi (Uhrturm)** bestimmt, dessen Säulen und Dekor den überbordenden eklektischen Stil des türkischen Barock zeigen. Der Turm wurde zwischen 1890 und 1894 von Sultan Abdülhamit II. (reg. 1876–1909) erbaut und ist knapp 30 m hoch, seine Glocken wurden eigens aus Frankreich importiert.

Das geradezu überladen wirkende, prachtvolle **Eingangstor** führt in einen schönen, sich um einen Schwanenspringbrunnen erstreckenden **Vorgarten,** der von dem deutschen Gartenarchitekten Sester angelegt wurde.

Vor der **Eingangshalle** mit ihrem großen französischen Kristallleuchter beginnt nun die obligatorische Führung. Eine luxuriöse **Treppenhalle** mit großem Lüster – selbst das Geländer der geschwungenen Treppe ist aus Kristall – führt in den im Obergeschoss gelegenen **Salon der Botschafter,** wo die ausländischen Gesandten Zeit hatten, die herrlich verzierte Holzdecke zu bewundern. Hier wie auch in anderen Räumen

039ib Abb.: fk

◀ *Der prächtige Gebetsraum der barocken Dolmabahçe-Moschee*

Hinter dem Saal beginnt der **Harem,** der in einer zweiten Extraführung gezeigt wird. Zu seinen Höhepunkten zählen u. a. das reich dekorierte Empfangszimmer der Valide, ihr Schlafgemach mit dem kostbaren Baldachinbett und vor allem der „Blaue Saal", dessen luxuriöse Schnitzdecke und rot-weißer Lüster hervorzuheben sind. Neben dem ehemaligen Wintersalon der Sultane verstarb Kemal Atatürk in seinem hier eingerichteten Schlafzimmer. Alle Uhren des Palastes zeigen noch heute die Zeit seines Todes an.

❯ Dolmabahçe Caddesi, Tramvay-Endhaltestelle: Kabataş, www.dolmabahce.gov. tr, Eintritt: 10 €, geöffnet: 9–16 Uhr (Mo/ Do geschl.), Dauer der Führung ca. 2 Std. (im Preis enthalten, auch auf Deutsch)

bedecken prachtvolle Teppiche aus Hereke den Boden.

Das angrenzende „Rote Zimmer" mit seiner Mahagoni-Verkleidung und roten Polsterbezügen diente als privates Audienzzimmer des Sultans. Im **Festsaal,** wo ein weiterer Kristallleuchter und schön verzierte Schränke die Höhepunkte darstellen, wurden religiöse Feierlichkeiten abgehalten.

Das **Musikzimmer** mit den Instrumenten Sultan Abdülmecits und das **Marmorbad** mit seiner ägyptischen Alabasterwanne stellen weitere Kostbarkeiten dar, bevor man mit dem **Thronsaal** (auch „Kaisersaal" oder „Großer Festsaal" genannt) den Mittel- und Höhepunkt erreicht. Über einem quadratischen Grundriss erhebt sich eine 36 m hohe, schön bemalte Kuppel. Der Kristallleuchter mit seinen über 700 Kerzen wiegt 4,5 Tonnen (!). Unter ihm fanden nicht nur wichtige Feste, sondern auch die Krönungsfeierlichkeiten statt. Noch Atatürk nutzte die Repräsentationskraft des Raumes für wichtige Gäste.

AM GOLDENEN HORN

Der Haliç, wie die Türken den 8 km langen und bis zu 40 m tiefen „Meeresbusen" nennen, ist in Europa als „Goldenes Horn" bekannt und berühmt.

Ein Blick auf die Karte erklärt bei etwas Fantasie auch leicht den letzteren Teil des schillernden Namens, bildet die auf der europäischen Seite liegende Bucht doch in der Tat ein vom Bosporus abzweigendes **Meereshorn,** an dessen nördlichem Ende zwei kleine Zuflüsse, die „süßen Wasser Europas", münden. Der Ausdruck „Meeresbucht" ist dabei geologisch nicht ganz korrekt, handelt es sich bei dem Horn genau genommen doch um ein **abgesunkenes Flussbett.**

◀ *Der vierstöckige Uhrturm des Dolmabahçe-Palastes*

Den anderen Teil des Namens leitet eine noch größere Fantasie aus dem goldenen Schein des Wassers bei Sonnenuntergang ab: „Golden", so wähnt man, könnte aber auch der schlammige Untergrund des Horns sein, in dem man die untergegangenen Schätze der Jahrhunderte vermutet.

㉓ FENER UND BALAT ★★ [F8]

Über das Goldene Horn Richtung Eyüp zu schippern gleicht heute – nach Sanierung der früher stark verschmutzten Bucht – wieder einem erholsamen Ausflug. In den am westlichen Ufer gelegenen Stadtteilen Fener und Balat kann man sich auf die Spuren der einst hier zahlreich lebenden Juden und Griechen begeben. Wer hier die steil abfallenden Hügel der Stadt erforscht, wird einen der eindrucksvollsten und malerischsten Altstadtbereiche Istanbuls kennenlernen.

Der Name „**Fener**" stammt von dem griechischen *phanar* (Leuchtturm), der hier einst wohl gestanden haben muss, heute aber ebenso wie die namensgebenden Griechen – die Phanarioten – verschwunden ist. Immerhin steht hier hinter den mittelalterlichen Resten der „Seemauer" das **Ortodoks Patrikhanesi** (Griechisch-Orthodoxe Patriarchat), wo seit Beginn des 17. Jh. der einst so mächtige Patriarch von Konstantinopel über seine (immer weniger werdenden) Gläubigen residiert. Im Straßengewirr über der Kirche, direkt neben dem schon vom Schiff unübersehbaren, riesigen, ziegelsteinroten Özel Fener Lisesi (Schule), liegt versteckt und hinter hohen Mauern die **Meryem Ana Kilisesi**, die einzige orthodoxe Kirche, die niemals in eine Moschee verwandelt wurde.

❯ keine offiziellen Öffnungszeiten, am Eingang (Glocke) schellen, kleines Trinkgeld wird erwartet

O41b Abb.: fk

Noch höher, an der Abbruchkante des Hangs, lohnt das **Fethiye Camii ve Müzesi** den Besuch. Die einstige Pammakaristos-Kirche datiert aus dem 12. Jh. und wurde erst 1591 in eine Moschee umgewandelt. Sehenswert sind die byzantinischen Mosaiken im Inneren, darunter vor allem das Pantokrator-Mosaik, das Jesus den „Allherrscher" im Kreis der Engel zeigt.

❯ Fethiye Cad. / Avlusu Sok., geöffnet: 9–16.30 Uhr, Mi geschl., Eintritt: 2,50 €

Der nördlich sich anschließende **Stadtteil Balat** war einst die Heimstatt der vor der Inquisition aus Spanien geflohenen **Juden**. Hier liegt denn auch hinter hohen Mauern die älteste und schönste Synagoge Istanbuls, die **Ahrida Synagogu** (Kürkçü Çeşme Sok. 9). Zu besichtigen ist sie allerdings nur nach (telefonischer) Voranmeldung beim Oberrabbinat (Tel. 0212 2938794).

◀ *Die alte byzantinische Pammakaristos-Kirche in Fener, heute Museum und Moschee (Fethiye Camii ve Müzesi)*

❯ Anfahrt: Mit dem **Schiff** von Eminönü Haliç jede Stunde, die kleine Anlegestelle liegt von Sirkeci westlich der Galata-Brücke und des Busbahnhofs am Ende einer schmalen Gasse (Schild „Haliç Hattı"), pro Fahrt ca. 70 Cent. Die gegenwärtigen **Haltepunkte** sind: Kasımpaşa, Fener, Hasköy, Ayvansaray, Sütlüce und Eyüp.

㉔ EYÜP ★★ [C4]

Im Jahr 674 stand zum ersten Mal ein großes islamisches Heer vor Konstantinopel, um die berühmteste Stadt der Christenheit einzunehmen. Aber die Araber scheiterten, weil die Christen mit ihrer Geheimwaffe, dem auf dem Wasser schwimmenden „Griechischen Feuer", die Flotte des Angreifers weitgehend zerstörten. Vor den Mauern wurde auch gekämpft und unter den Gefallenen befand sich auf arabischer Seite Abu Ayub al-Ansari, der Bannerträger des Propheten Mohammed.

Als Sultan Mehmet Fatih 1453 den islamischen Traum von der Eroberung Konstantinopels wahr machte, erschien nach der Legende einem seiner theologischen Ratgeber, Scheich Akşemsettin, in einem Traum

---

EXTRATIPP

Café Pierre Loti

Ein Spaziergang über den Friedhof endet am hoch gelegenen berühmten Café Pierre Loti (s. S. 32), das heute zu einem groß ausgebauten Ausflugsziel mutiert ist. Ganze Busladungen werden hier „ausgekippt", um nach dem obligatorischen Blick aufs Goldene Horn vom Terrassencafé die angrenzenden Kioske und Verkaufsstände zu durchsuchen. Seit wenigen Jahren gibt es auch eine moderne **Seilbahn**, die von der Uferstraße von Eyüp direkt zum Café hinauf fährt (80 Cent).

Früher stand an der Stelle des Cafés einsam eine einfache Holzhütte mit Holzhockern und -bänken und die Besucher, die alle zu Fuß kamen, konnten neben der grandiosen Aussicht noch die schlichte Ruhe genießen. Weit vor der Zeit des Autors muss es wiederum noch idyllischer gewesen sein, als nämlich der turkophile Franzose **Pierre Loti** (1850–1923), Offizier und Schriftsteller mit zeitweisem Sitz in Istanbul, bürgerlicher Name Julien Viaud, diesen Ort mit seiner heimlichen Liebe Aziyadeh teilte und romantisch verklärte.

ein Engel, der genau die Stelle bezeichnete, wo Ayub al-Ansari vor fast 800 Jahren gefallen war. Sultan Mehmet ließ 1458 genau an dieser Stelle dem Ayub (= Eyüp) eine Türbe und eine Moschee errichten.

Eyüp vor den Toren Istanbuls ist also seit Jahrhunderten ein **Wallfahrtsort** höchsten Ranges. Die **Moschee des Bannerträgers Ayub (Eyüp Sultan Camii)** ist nach Mekka, Medina und Jerusalem die heiligste Stätte des Islam. Im schönen, von einer alten, mächtigen Platane geprägten Vorhof der Moschee ließ sich jeder neue Sultan zur Thronbesteigung mit dem Schwert des Dynastie-Begründers Osman gürten.

Gegenüber dem Eingang zum Bethaus liegt die stets gut besuchte,

kupppelgekrönte **Türbe des Ayub al-Ansari.** Vor dem „Wunschfenster" der Türbe drängen sich die gläubigen Menschen, die dem Heiligen ihre Verehrung erweisen. Viele Gläubige wollten hier, in der Nähe des Bannerträgers, begraben sein, sodass sich um die Moschee ein immer größer werdendes **Gräberfeld** den Hang hochzieht.

Ein Besuch – in dezenter Kleidung – lohnt sich nicht nur der Moschee wegen: Der kleine, dorfähnliche Ort hat Charme und bietet zudem Gelegenheit zu einem schönen Spaziergang über die Hänge des Goldenen Horns.

> ❯ Anfahrt: Schiff von Eminönü (s. o. „Fener/Balat" **23**; außerdem Bus 46 von Eminönü, von Taksim 54HT

ZWISCHEN ALTSTADT
UND THEODOSIANISCHER MAUER

Die folgenden Sehenswürdigkeiten führen in einen touristisch abgelegeneren, aber äußerst geschäftigen Teil der Altstadt. Vor allem der Besuch des islamisch-konservativen Stadtteils Fatih dürfte für den Besucher interessant sein, bietet er doch die Gelegenheit, ein weiteres, für Touristen durchaus „neues" Gesicht Istanbuls kennenzulernen.

25 PRINZENMOSCHEE
(ŞEHZADE CAMII) ★★   [G11]

Knapp 1 km westlich des Beyazıt-Platzes **12** *stößt man auf die weitläufige, von vielen Kuppeln und Halbkuppeln bestimmte Anlage der berühmten Prinzenmoschee. Anlässlich des Todes seines Lieblingssohnes, Prinz*

Mehmet, beauftragte Sultan Süleyman den erst kurz davor zum Hofarchitekten ernannten Sinan mit der Errichtung einer Gedenkmoschee. Die prachtvolle Moschee, von 1543 bis 1548 erbaut, wurde von Sinan als sein „Gesellenstück" qualifiziert.

Die Anlage überzeugt vor allem durch ihre **klaren Proportionen:** *Vorhof und Moscheeraum bilden zwei gleich große Quadrate. Der große, von der 38 m hohen Zentralkuppel überwölbte Innenraum ruht auf vier Pfeilern, den sogenannten Elefantenfüßen. Der Durchmesser der Kuppel, die von vier Halbkuppeln und weiteren Seitenkuppeln flankiert wird,*

▶ *Antikes Zeugnis: Valens-Aquädukt*

beträgt genau die Hälfte, also 19 m. Es passt zu Sinan, dass der Innenraum ansonsten eher einfach ausgestattet ist, so man von dem schön dekorierten Marmor-Mimber absieht.

Die im östlichen Gartenvorhof gelegenen **prachtvollen Kuppeltürben** des Prinzen Mehmet sowie die der Großwesire Rüstem und Ibrahim Paşa befinden sich in einem etwas vernachlässigten Zustand. Vor allem die Türbe des Prinzen besitzt einen prachtvollen Fayencenschmuck, der eigentliche Grabbaldachin ist mit schönen Elfenbein-Intarsien geschmückt.

> Şehzadebaşı Caddesi, Tramvay-Haltestelle: Laleli, von dort ca. 10 bis 15 Min. zu Fuß. Alternativ fahren u.a. Bus 32 von Eminönü u. Bus 87 von Taksim über die Fevzi Paşa Caddesi und passieren den Valens-Aquädukt, dort aussteigen.

Gefälle das aus dem Nordwesten heranfließende Wasser in die Stadt führte. Der größte Teil der insgesamt mehrere Kilometer langen Kanalisation verlief unterirdisch.

> Atatürk Bulvarı, Anfahrt wie Prinzenmoschee **25**

26 VALENS-AQUÄDUKT (BOZDOĞAN KEMERLERLI) ⭐ [G11]

Ein **spektakuläres Zeugnis der Antike** ist der den achtspurigen Atatürk-Boulevard überspannende Valens-Aquädukt. Der römische Kaiser Valens (reg. 364–378) ließ an dieser Stelle das Tal zwischen dem dritten und vierten Stadthügel durch eine teilweise zweigeschossige, 1 km lange und bis zu 30 m hohe Wasserleitung überbauen, die mit einem minimalen

27 PANTOKRATOR-KIRCHE (ZEYREK MOLLA CAMII) ⭐ [G10]

Oberhalb des Atatürk Bulvarı steht die sehenswerte Ruine der Zeyrek Molla Camii, die zu byzantinischen Zeiten als Pantokrator-Kirche berühmt war.

Die zwischen 1124 und 1132 durch die byzantinische Kaiserin Irene begonnene Anlage bestand ursprünglich aus nur einer Kreuzkuppelkirche, die in der Folge einen großen **Klosterkomplex** begründete. Dieser bestand

058ib Abb.: fk

aus zwei Kirchen, einer sie verbindenden Grabkapelle und mehreren Hospitälern und Wohngebäuden und war damit eines der größten Sakralzentren des mittelalterlichen Konstantinopel. In der Grabkapelle zwischen den Kirchen fanden die Kaiserin wie auch weitere berühmte Mitglieder der Komnenen- und Palaiologendynastie ihre letzte Ruhe.

Sultan Mehmet Fatih verwandelte nach der Eroberung im Jahr 1453 das Kloster in eine **Medrese** und die Kirche in eine **Moschee.** Der erste Koranlehrer der Schule, Zeyrek Molla Mehmet Efendi, war fortan der Namenspatron der später stark zerfallenden Anlage.

❯ Ibadethane Sok. (oberhalb des Atatürk Bulvarı, ca. 600 m nördlich des Valens-Aquädukts), Bus 32 von Eminönü, 87 von Taksim

㉘ MOSCHEE DES EROBERERS (FATIH CAMII) ★★ [F10]

Die riesige, von weiten baumbestandenen Vorhöfen umgebene Moschee des Eroberers, Sultan Mehmet Fatih (reg. 1452–1481), steht hoch auf dem vierten Hügel der Stadt. Genau an dieser Stelle hatte sich jahrhundertelang die byzantinische Apostelkirche erhoben, die unter Konstantin dem Großen begonnen und unter Justinian neu errichtet worden war. Bis ins 11. Jh. war sie die Grabkirche der byzantinischen Kaiser.

Als die Türken die Stadt eroberten, war die Kirche bereits im Verfall begriffen und Sultan Mehmet beschloss, an ihre Stelle seine eigene Moschee zu setzen, wobei das verbliebene antike Gesteinsmaterial teilweise beim Bau der Moschee Verwendung fand. Der Baumeister Sinasettin Yussuf (auch „Atik Sinan",

„der ältere Sinan", genannt) wurde mit der Errichtung des großen Komplexes beauftragt, der 1470 fertiggestellt wurde. Im Jahr 1766 brachte ein Erdbeben die Moschee zum Einsturz, sodass Sultan Mustafa III. sie in barockisierter Form 1771 wiederaufbauen ließ.

Heute sind nur noch der oktogonale, mit einem zylindrischen Dach überkuppelte **Şadırvan** (Reinigungsbrunnen) im säulenumstandenen Vorhof (darunter Säulen der ehemaligen Apostelkirche) und das **Hauptportal** aus der Zeit Mehmets. Die hinter der Moschee liegenden **Türben** von Sultan Mehmet und seiner Frau Gülbahar Hatun („Rosenduft") sind ebenfalls im 18. Jh. in barocker Form neu errichtet worden. Die prachtvolle, von einem baldachinähnlichen Dach gedeckte und auf einem achteckigen Grundriss stehende Türbe des Eroberers besitzt eine schön bemalte Kuppel, unter der sich selbst nach Jahrhunderten immer noch viele religiöse Verehrer versammeln.

❯ Anfahrt: Mehrere Busse, u. a. fahren die Busse 32 (von Eminönü) und Bus 87 (von Taksim) über die Fevzi Paşa Caddesi, dabei passieren sie auch das Valens-Aquädukt ㉖.
❯ Fevzi Paşa Caddesi, Türben geöffnet: 9.30–16.30 Uhr

㉙ CHORA-KIRCHE (KARIYE MÜZESI) ★★★ [D7]

In einer Senke mit einem von Cafés, Souvenirläden und restaurierten Holzhäusern umgebenen Vorplatz steht eine der größten Sehenswürdigkeiten Istanbuls: die Chora-Kirche. Der alte byzantinische Sakralbau ist der einzige touristische Massenanziehungspunkt in der Umgebung der Theodosianischen Mauer ㉚.

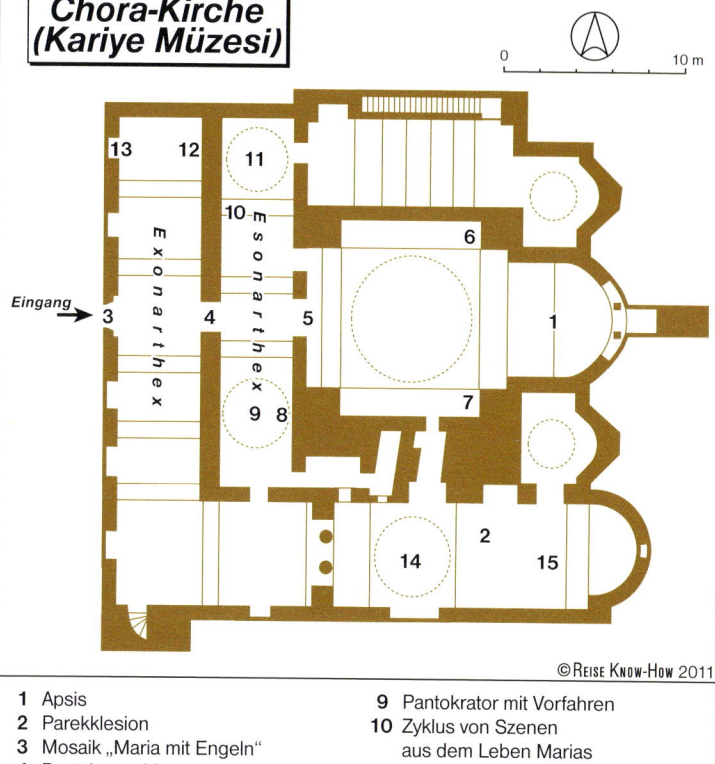

Chora-Kirche (Kariye Müzesi)

1 Apsis
2 Parekklesion
3 Mosaik „Maria mit Engeln"
4 Pantokrator-Mosaik
5 „Mariä Himmelfahrt"
6 „Christus mit dem Evangelium"
7 „Mutter-Kind-Darstellung"
8 Deesis
9 Pantokrator mit Vorfahren
10 Zyklus von Szenen aus dem Leben Marias
11 „Maria mit dem Jesuskind"
12 „Volkszählung"
13 „Kindheit Jesu"
14 Maria-Christuskind-Medaillon
15 „Das Jüngste Gericht"

Das genaue Gründungsdatum des **Klosters** liegt im Dunkeln, Spekulationen reichen vom 4. Jh. bis zu den Zeiten Justinians (reg. 527–565). Gesichert ist, dass Maria Dukaina, die Schwiegermutter des byzantinischen Kaisers Alexios I. Komnenos (reg. 1081–1118), gegen Ende des 11. Jh. auf dem Klosterareal eine neue **Kirche** errichten ließ. Ein Erdbeben machte im 12. Jh. Renovierungen notwendig und Anfang des 13. Jh. ließ der hohe byzantinische Staatsbeamte und Philosoph Theodoros Metochites die Kirche nochmals rundum erneuern und mit prachtvollen Mosaiken und Fresken schmücken.

Unter Sultan Beyazıt II. wandelte der Großwesir Ali Paşa die Kirche in eine **Moschee** um. Die Fresken und Mosaiken wurden gemäß dem islamischen Bilderverbot übertüncht. Von

1948 an begann das Byzantine Institute der amerikanischen Universität von Boston mit der sorgfältigen Freilegung der Kunstwerke, die heute als Meisterwerke der palaiologischen Frührenaissance zu den **berühmtesten byzantinischen Mosaiken und Fresken der Welt** zählen.

Die aus den Jahren 1315 bis 1321 stammenden Mosaiken und Fresken überraschen durch ihre **leuchtenden Farben** und die geradezu moderne, auf die Renaissance hinweisende **Ausstrahlungskraft der Gesichter**. Keiner der wahrscheinlich mehreren Künstler ist dem Namen nach bekannt. Hier können nur die **wichtigsten Szenen** kurz aufgezählt werden:

Über dem Eingang sieht man das Mosaik **„Maria mit Engeln"** (3): Die betende Maria und das Christuskind werden von den Erzengeln Gabriel und Michael flankiert. Im Exonarthex fällt sofort das große **„Pantokrator-Mosaik"** (4) über dem Portal zum inneren Narthex auf: Jesus Christus hält mit einer Hand die Bibel, während er mit der anderen den Eintretenden segnet. Über der Pforte zum

Hauptschiff erkennt man Christus und den vor ihm knienden Kirchenstifter, Theodoros Metochites, der ihm ein Modell der Kirche anbietet; in den angrenzenden Feldern rechts und links davon sind die Apostel Petrus und Paulus dargestellt.

In dem von farbigen Marmorplatten bestimmten Hauptschiff selbst sieht man über dem Eingang eine Darstellung von **„Mariä Himmelfahrt"** (5): Die Muttergottes liegt auf der Bahre, umstanden von Aposteln und Kirchenheiligen, während Christus die Seele Marias in Form eines Kindes in Händen hält. Links der Apsis ist eine Darstellung von **„Christus mit dem Evangelium"** (6) zu sehen, rechts eine **„Mutter-Kind-Darstellung"** (7).

Die Nartices (Binnenvorhallen) stellen eine prachtvolle Galerie biblischer Szenen und Motive dar. So findet man im inneren Narthex eine (nicht mehr vollständige) **„Deesis"** (8): Christus beim Jüngsten Gericht zwischen Maria und Johannes dem Täufer, davor der byzantinische Herrscher Isaak Komnenos sowie eine Nonne. Im Zentrum der Kuppel erblickt man erneut

043ib Abb.: fk

Christus als Pantokrator (Allherrscher), der strahlenförmig von seinen Vorfahren umgeben ist (9). Ebenfalls im inneren Narthex, aber etwas nördlich davon, sieht man einen **Zyklus von Szenen aus dem Leben Marias** (10) und – in der nahe gelegenen Kuppel – eine Darstellung „**Maria mit dem Jesuskind**" (11). Im nördlichen äußeren Narthex sind die „**Volkszählung**" (12) sowie Szenen aus der „Kindheit Jesu" (13) erkennbar.

Das **Parekklesion** (Seitenkapelle) (2) ist wegen seiner herrlichen Fresken berühmt: Die Bilder drehen sich um das Thema „Tod und Auferstehung", aber auch Szenen des Alten Testaments sind zu erkennen. In der Kuppel sieht man ein **Maria-Christuskind-Medaillon** (14), das sternenförmig von Engeln umgeben ist. An der Nordseite des Kuppelraums stand früher der Sarkophag des Theodoros Metochites. Östlich davon beeindruckt das prachtvolle Fresko des „**Jüngsten Gerichts**" (15).

> ❯ Anfahrt: **Busse** 32 (von Eminönü) und 87 (von Taksim) fahren über die Fevzi Paşa Caddesi. Vor Erreichen der Stadtmauer aussteigen und rechts der Beschilderung „Kariye" folgen (im Zweifelsfall fragen). Eine schöne Alternative ist das **Schiff** über das Goldene Horn bis zur Haltestelle Ayvansaray (siehe Fener/Balat ㉓), von dort einfach entlang der Theodosianischen Stadtmauer ca. 600 m gehen, dann links abbiegen (nach Kariye fragen).
> ❯ Kariye Meydanı, Eintritt: 7,50 €, geöffnet: 9–16.30 Uhr, Mi geschl.

◀ *Farbenprächtiges Fresko in der alten byzantinischen Chora-Kirche*

㉚ THEODOSIANISCHE LANDMAUER (TEODOS II. SURU) ★★ [D7]

Vom Goldenen Horn bis zum Marmarameer erstreckt sich über fast 6 km die imposante, in den letzten Jahren teilweise gut restaurierte Theodosianische Landmauer des alten Konstantinopel.

Der Namensgeber der Stadt, Konstantin der Große (reg. 306–337), hatte bereits 330 eine westliche Verteidigungsmauer errichten lassen, die allerdings erheblich weiter nach Osten verschoben war. Theodosius II. (reg. 408–450) vergrößerte also mit seiner heute noch bestehenden Mauer das Stadtterritorium erheblich, indem er von der bereits bestehenden **Blachernen-Mauer** westlich des heutigen Balat eine fast gerade Befestigungslinie nach Süden zog. Im Jahr 413 war dieses Festungswerk im Großen und Ganzen vollendet – es sollte über 1000 Jahre die Stadt im Westen beschützen.

Die **Konstruktion** war für Angreifer entmutigend, hatten sie doch drei Hindernisse zu überwinden: Zunächst stießen sie auf einen tiefen, etwa 15 bis 20 m breiten **Graben,** der bei Bedarf mit Wasser gefüllt werden konnte. An der Innenseite des Grabens verlief eine niedrige, mit Zinnen bestückte Brustwehr, hinter der ein rund 13 m breiter Laufweg *(Parateichion)* die Verteidigung des Grabens ermöglichte.

Erst dahinter erhob sich die rund 8 m hohe **Vormauer,** auf der sich in Abständen von ca. 100 m Türme befanden. Die Vormauer besaß für die Verteidigung einen 15 m breiten Umlauf *(Peribolos),* hinter dem sich nun die 5 m dicke und 11 bis 13 m hohe **Hauptmauer** erhob.

Erst in den letzten Jahren hat man mit der **Restaurierung** der Mauer begonnen, die heute – vor allem im südlichen Bereich – als eine der imposantesten historischen Stadtbefestigungen der Welt gelten darf und folgerichtig von der UNESCO als **Weltkulturerbe** ausgewiesen wurde.

Von der Schiffsanlegestelle Ayvansaray am Goldenen Horn erreicht man nach einem kurzen Aufstieg entlang der Mauer die Ruinen des **Blachernen-Palastes (Blaherna Sarayı)**. Vom byzantinischen Kaiserpalast, der unter der Komnenen-Dynastie (11./12. Jh.) das herrschaftliche Zentrum Konstantinopels darstellte, sind nur noch einige Etagen der runden Ecktürme sowie wenige Mauerreste zu erkennen.

Wenige Schritte weiter kommt man zu den erheblich besser erhaltenen Resten des **Porphyrogennetos-Palastes (Tekfur Sarayı)**. Kaiser Konstantin VII. Porphyrogennetos (reg. 913–959) erbaute die Anlage, die später unter den Komnenen erweitert wurde (zzt. Restaurierungsarbeiten, da das Gelände zum Museum umgebaut werden soll). (Für den Süden der Mauer siehe Yedikule **32**.)

Im Gegensatz zu dieser berühmten Landmauer ist die sogenannte „**Seemauer**", die Konstantinopel zum Marmarameer und Goldenen Horn hin schützte, weit weniger spektakulär. Reste von ihr sind vor allem in Fener und Balat sowie im Süden am Marmarameer zu sehen.

❯ Anfahrt: Den Norden der Mauer erreicht man mit dem Schiff auf dem Goldenen Horn (siehe Fener/Balat **23**) von der Haltestelle Ayvansaray.

▶ *Fruchtstände im traditionellen Stadtteil Üsküdar*

31 MIHRIMAH-MOSCHEE (MIHRIMAH SULTAN CAMII) ★★ [D8]

Knapp 200 m südlich der Chora-Kirche **29** steht direkt an der Innenseite der Mauer **eine der schönsten Moscheen Istanbuls**, die sehenswerte Mihrimah Sultan Camii, die unter der Leitung von Sinan nach einer Bauzeit von drei Jahren 1565 fertiggestellt wurde. Benannt ist die mächtige Kuppelmoschee nach der Tochter Sultan Süleymans, Mihrimah, die zugleich die Ehefrau des Großwesirs Rüstem Paşa war. Zwei Erdbeben, das erste im Jahre 1719, das zweite 1894, beschädigten das Bauwerk erheblich, sodass im 20. Jh. aufwendige Restaurationsarbeiten vonnöten waren.

Die Moschee besitzt zwar nur ein **Minarett** mit Umgang, dieses zeichnet sich aber durch formvollendete Schlankheit aus. Vier in kleinen Kuppeln auslaufende Pfeiler tragen die 37 m hohe und fast 20 m breite **Zentralkuppel**, die sich über dem gewaltigen kubischen Innenraum erhebt. Eine reiche Fensterausstattung, die dem Sakralbau den Beinamen „**Moschee der 1000 Fenster**" einbrachte, bewirkt eine großartige Innenausleuchtung.

❯ Sulukule Cad. Edirnekapı, Bus 32 (Eminönü), Bus 87 (Taksim)

32 YEDIKULE – FESTUNG DER SIEBEN TÜRME ★ [B16]

Am Schnittpunkt der Theodosianischen Landmauer mit der nach Osten verlaufenden Seemauer erhob sich zu antiker Zeit das „**Goldene Tor**" (Porta Aurea), dessen Name sich von den angeblich vergoldeten Torflügeln ableitete. Im Laufe der Jahrhunderte wurde es dann immer mehr zu einem Festungstor ausgebaut.

An dieser Funktion hielt auch Sultan Mehmet Fatih fest, als er die Stadt eroberte. Er verstärkte den Festungscharakter noch dadurch, dass er stadteinwärts weitere Türme hinzufügte, sodass die Anlage fortan als „Yedikule" („**Festung der sieben Türme**") bekannt wurde. Genutzt wurde sie jedoch nur mehr als **Waffenarsenal, Schatzkammer und Gefängnis.** Immer wenn ein Krieg beschlossen wurde, wanderten die Vertreter der betroffenen Mächte in die Verliese der Türme, wo sie in ihrer ungemütlichen Langeweile Graffitis an den Wänden hinterließen, die heute aber kaum mehr auszumachen sind. Die Außenmauern sind noch heute imposant, im Inneren gibt es praktisch nichts außer einem Feld.

❯ Anfahrt: mit dem Vorortzug vom europäischen Bahnhof Sirkeci (dort Tramvay-Haltestelle) bis Haltestelle Yedikule oder mit Bus 80T direkt vom Taksim-Platz

❯ Eintritt: 2,70 €, geöffnet: 9–16 Uhr

ASIATISCHE STADTTEILE

Unerlässlich ist ein Besuch der asiatischen Seite Istanbuls. Dies allein schon deshalb, um bei der frühabendlichen Heimfahrt im Sonnenuntergang die von Kuppeln und Minaretts bestimmte Skyline zu genießen. Die beiden hier vorgestellten, touristisch eher wenig frequentierten Stadtteile entsprechen dem Doppelcharakter der Metropole: Kadıköy gilt als westlich, studentisch und folglich modern, Üsküdar als islamisch, konservativ und eher dörflich.

㉝ ÜSKÜDAR ★ ★ [Q8]

Das mit der Fähre von Eminönü in nur 15 Minuten zu erreichende Üsküdar hieß zu antiken Zeiten Chrysopolis. Der Athener Alkibiades ließ hier eine Zollstation errichten, die an dieser Nahtstelle zwischen den Kontinenten ein prosperierender Handelsstützpunkt zu werden versprach. Unter dem Namen Skutari blieb sie auch unter den Osmanen der Endpunkt der östlichen Handels- und Karawanenwege. Die (leider recht spärlichen) Reste der Hans erinnern noch an diese Zeiten, deren kräftigste Zeugen

heute aber die vielen Moscheen und der riesige Friedhof Karaca Ahmet sind. Denn den muslimischen Händlern und Kaufleuten war der asiatische Boden – der Kontinent des Propheten Mohammed – ungleich

*heiliger als das europäische Ufer, so-
dass sie hier besonders viele Gebetshäuser errichteten und in diesem Boden auch begraben sein wollten.*

Von dieser **religiös-konservati-
ven Atmosphäre** kann sich noch der
heutige Besucher überzeugen, wenn
er in den noch von einigen Holzhäusern gesäumten Gassen die Moscheen aufsucht. Gegenüber der
Anlegestelle steht die von Sinan erbaute gedrungene und etwas düster
wirkende **Mihrimah Sultan Camii**,
eine im Jahre 1547 für Prinzessin
Mihrimah errichtete Zentralkuppelmoschee. Weitere sehenswerte Moscheen sind die **Yeni Valide Sultan
Camii** (1710), die direkt am Bosporus stehende kleine **Şemsi Ahmet
Paşa Camii** (1580) sowie vor allem
die weiter landeinwärts liegenden
Atik Valide Camii und die von herrlichen Fliesen geschmückte **Çinilli
Cami** (Fayencenmoschee).

> Anfahrt: Schiff von Eminönü wie von
Kabataş nach Üsküdar ca. alle 20 Min.

Schön ist auch ein Spaziergang entlang der Promenade zur kleinen südlichen Anlegestelle von Salacak, von
wo man mit einem kleinen Boot zum
berühmten Kız Kulesi übersetzen
kann. Der „**Mädchenturm**" liegt auf
einer winzigen Felsinsel und wird in
alten Reiseführern gern auch als „**Leanderturm**" bezeichnet. Die allseits
bekannte Legende erzählt das antike Liebesdrama von Leander und
seiner Geliebten Hero, einer Aphro-
te-Priesterin, die in ihrem Turm jede
Nacht eine Lampe anzündet, damit
Leander zu ihr schwimmen kann. Wie
der Teufel – oder vielmehr eine böse
Hexe – es will, erlischt das Licht eines
Nachts und Leander ertrinkt, worauf
Hero sich von ihrem Turm stürzt. Das
Ereignis, das noch im deutschen Lied
„Es waren zwei Königskinder" an-
klingt, fand aber nach gängiger Mei-
nung nicht am Bosporus, sondern an
der südlich gelegenen Meerenge der

EXTRATIPP

Moschee einmal ganz anders
Die Şakirin Camii am Eingang des
Karaca Ahmet Friedhofs in Üsküdar
ist in jeder Hinsicht ein Novum: Zunächst ist es die erste Moschee, die
von einer Frau – der Designerin Zey-
dip Fadillioglu – ausgestaltet wurde.
Zudem wurden für die 2009 eröffne-
te Moschee völlig untypische Mate-
rialien verwendet, darunter viel Glas
und Leuchtdioden. So ist der Minbar
(Kanzel) nicht aus Holz oder Marmor,
sondern aus Acryl. Das ganze Ensem-
ble wirkt hell und lichtdurchflutet –
und wer weiß, vielleicht entsteht hier
ja eine moderne Alternative zum allgegenwärtigen und übermächtigen
Moscheetyp in Istanbul.
●**106** [S11] **Şakirin Camii**,
Nuh Kuyusu Caddesi

EXTRATIPP

Leanderturm bei Nacht
Abends wird ein Dinner samt Livemusik im Restaurant der kleinen Felsinsel geboten. Für diese Abendveran-
staltung ist eine Reservierung vorzu-
nehmen unter Tel. 0216 3424747,
www.kizkulesi.com.tr. Der abendliche
Transport erfolgt von Salacak (Pen-
delverkehr zwischen 20.15 und 0.30
Uhr) oder zu festgesetzten Zeiten
von/nach Kabataş (von Kabataş: 20,
20.45 und 21.30 Uhr, nach Kabataş
zurück: 23, 23.45 und 0.30 Uhr). Der
Abendtransfer ist im Dinnerpreis enthalten (je nach Sitzplatz und Dinner
zwischen 50 und 100 € p. P.).

Dardanellen zwischen den antiken Städten Sestos und Abydos statt.

Vertrauen wir also der türkischen Variante der **Mädchenturm-Saga**: Ein König hatte eine einzige Tochter, die nach einem Wahrsagerspruch von einer Schlange gebissen werden sollte. Der erschrockene Vater ließ sie daraufhin sofort auf eine Insel bringen und scharf bewachen, um dem Orakel ein Schnippchen zu schlagen. Aber gegen das Schicksal half auch der „Mädchenturm" nicht. Ein junger Verehrer ließ der Prinzessin einen großen Früchtekorb schicken, worin sich ohne sein Wissen eine Giftschlange niedergelassen hatte – das Drama nahm seinen Lauf ...

★**105** [09] **Leanderturm/Mädchenturm,** Anfahrt von Anlegestelle Salacak: Mo–Fr 12.15–18.45, Sa/So 9–18.45 Uhr, ca. 4 € hin u. zurück

㉞ KADIKÖY ★ ★ **[S16]**

Auch wenn Kadıköy, das antike Chalcedon, an historischen Sehenswürdigkeiten nicht viel zu bieten hat, lohnt der Besuch des modernen, aufgeschlossenen Stadtteils mit seinen Märkten, Cafés und Restaurants durchaus. Die stets belebten Gassen des Marktviertels wie auch die südlich gelegenen Promenadencafés vor dem Hafen und im Wohnviertel von Moda pflegen einen entschieden westlichen, oft studentisch bzw. leicht intellektuell geprägten Lebensstil, der einen Schuss an französischem Charme und individuellem Savoir-vivre verrät.

Schon die **Anfahrt mit dem Schiff** ist immer wieder ein Erlebnis: Vorbei an der Mädchenburg (Leanderturm) und dem Containerhafen von Harem passiert man die mächtige **Selimiye-Kaserne** und dahinter die

orientalische Fassade der **Marmara-Universität.**

Es folgt der neoklassizistische **Bahnhof von Haydarpaşa,** der 1903 errichtet wurde und Ausgangsbahnhof der berühmten und von Deutschen gebauten Bagdadbahn war. Nicht weit von der Anlegestelle befindet sich das **quirlige Marktviertel,** wo hübsche Cafés und viele Kunst- oder Antiquitätenläden zum Stöbern einladen.

Erholsam ist ein Spaziergang entlang der breiten **Uferpromenade,** auf der man bis zum Vorort Moda laufen kann, um dort in den oberhalb der Marina gelegenen Teegärten aufs Meer zu schauen und sich auf die Rückfahrt bei Sonnenuntergang zu freuen.

❯ Anfahrt: Schiff von Eminönü und Karaköy nach Kadıköy ca. alle 20 Minuten (von Karaköy bis 22.30 Uhr, von Eminönü bis 20 Uhr)

EXTRATIPP

Kadıköy am Abend

Das Kneipenzentrum Kadıköys ist die Barlar Sokak (offiziell Kadife Sokak). In der kleinen Straße etwas oberhalb des Marktviertels verkehrt ein studentisches, lockeres Publikum, das sich auf mehrere nette Kneipen – darunter die benachbarten Musikkneipen Buddha (s. S. 37) und Karga (s. S. 37) – verteilt. Hier kann man in der Regel ohne Weiteres auch als alleinreisende Frau in Ruhe mal ein Bier trinken, ohne direkt die Blicke aller auf sich zu ziehen.

Wer dann das letzte Schiff nach „Europa" verpasst hat, muss mit dem Dolmuş-Taxi (südlich der Anlegestelle) über die Bosporus-Brücke nach Taksim fahren (verkehrt die ganze Nacht).

AUSFLÜGE IN DIE UMGEBUNG

Erst mit den folgenden Ausflügen erfährt der Besucher die facettenreiche Schönheit Istanbuls zur Gänze. In den kleinen Orten des Bosporus wie vor allem auch auf den Prinzeninseln kann man Luft schnappen und der allgegenwärtigen Hektik der Großstadt entfliehen.

SCHIFFSFAHRT AUF DEM BOSPORUS ★ ★ ★

Die Schiffsfahrt über und durch den Bosporus ist sicherlich der berühmteste Istanbul-Ausflug.

Der antiken **Bosporus-Legende** zufolge verliebte sich Göttervater Zeus in die Priesterin Io. Als er beim Techtelmechtel von seiner eifersüchtigen Ehefrau Hera überrascht wurde, verwandelte er Io schnell in eine weiße Kuh. Doch eine eifersüchtige Ehefrau lässt sich nur schwer reinlegen und Hera bat ihren lieben Gatten, ihr doch die Kuh zu schenken. Die arme Io, vorher pikanterweise als Priesterin im Heratempel ohnehin der Ehefrau verpflichtet, wurde von Hera dem hundertäugigen Priester Argos übergeben, der die Kuh rund um die Uhr bewachen sollte. In Verfolgung seiner viehischen Gelüste schläferte Zeus daraufhin den Argos ein, um seiner geliebten Kuh die Flucht zu ermöglichen. Die wütende Hera schickte nun eine Bremse, die Io zur Verzweiflung und durch alle möglichen Länder trieb. Am Schluss suchte die gequälte Kuh im Wasser ihre Rettung und durchschwamm jenen Meeresarm, der seitdem als „Rinderfurt" (griech. *Bosporos*) bekannt ist. Erst in Ägypten fand Io wieder Ruhe, erlangte ihre menschliche Gestalt zurück und gebar dem Zeus einen Sohn, der dann König von Ägypten wurde.

Platt gesprochen erklärt sich die 32 km lange und zwischen 660 m

und 3,2 km breite Meeresenge durch ein in Vorzeiten abgesunkenes Flusstal, das heute exakt die Grenze zwischen Asien und Europa bildet. Die **Meerenge verbindet das Schwarze Meer** *(Kara Deniz)* **mit dem Marmarameer** und stellt insofern so etwas wie ein maritimes Nadelöhr dar, dessen strategische Position seit Urzeiten hart umkämpft und immer begehrt war.

So fantasiert auch der moderne türkische Schriftsteller Orhan Pamuk im zweiten Kapitel seines Romans „Das schwarze Buch" über die bizarren Schätze, die zutage kämen, „wenn der Bosporus austrocknet": „Ich werde die Reste eines geplünderten genuesischen Schatzes, einen Mörser mit schlammverstopftem Rohr, die muschelverkleideten Abbilder und Idole vergangener und vergessener Staaten und Stämme und die zerborstenen Birnen eines auf der Spitze balancierenden Messingkronleuchters sehen. Während ich über

Morast und Gestein immer tiefer hinabsteige, werde ich geduldig zu den Sternen aufblickende Sklavengerippe betrachten, die mit Ketten an ihre Ruder gefesselt sind."

Attraktiver und mindestens so sehenswert sind die Gestade dieses Flussmeeres: An den bis zu 200 m hohen Abhängen erwarten **Paläste, Burgen, Parks, dorfähnliche Gemeinden** und die früher so typischen türkischen **Holzvillen (Yalı)** den staunenden Besucher. Passiert werden natürlich auch die beiden einzigen **Interkontinentalbrücken** der Welt, zunächst die 65 m hohe und 1600 m lange **Boğaziçi-Köprüsü** (Bosporus-Brücke, 1970), danach die ebenso hohe und 1500 m lange **Fatih Sultan Mehmet Köprüsü** (1988).

So mancher Besucher mag sich auch in einem schönen Teegarten im Gefühl einer lieblichen, mediterranen Flusslandschaft sonnen, um urplötzlich durch das unwirklich erscheinende Vorbeigleiten eines überproportional dimensionierten Hochseecontainerschiffs aus den Träumen gerissen und daran erinnert zu werden, dass das hier eine viel frequentierte Meeresstraße ist, die pro Jahr allein **55.000 Frachtschiffe** durchfahren.

Gleichwohl ist der Bosporus auch heute noch – obwohl seine Dörfer längst zu Istanbuler Vororten der Besserverdienenden mutiert sind und die Bebauung kräftig zugenommen hat – **eine der reizvollsten Naturszenerien der Welt.** Um sie kennenzulernen, bieten sich zwei Wege an: der erste per Schiff, der zweite per Bus. Wer

O45ib Abb.: fk

◀ *Die Boğaziçi-Köprüsü (Bosporus-Brücke) verbindet Europa und Asien*

Zeit und Muße hat, wird beide miteinander verbinden. Wer dagegen diese Reiseschätze nicht im Gepäck hat, sollte wenigstens die eintägige **Panoramatour per Schiff** nicht auslassen.

› Der reguläre Bosporus-Dampfer von Eminönü (Pier Boğaz Hattı) fährt nach Anadolu Kavağı (kurz vor der Mündung ins Schwarze Meer) mit Zwischenstopps in Beşiktaş, Kanlıca, Yeniköy, Sarıyer und Rumeli Kavağı. Dies ist die finanziell günstigste Version der beliebten Bosporus-Fahrt. 2 x tägl. 10.35 und 13.35 Uhr von Eminönü, Rückfahrt 15 und 17 Uhr von Anadolu Kavağı, einfache Strecke ca. 7,50 €, hin und zurück 12,50 €, Dauer pro Fahrt ca. 1,5 Stunden, im Winter (Nov. bis April) nur 1 x tägl. 10.35 Uhr hin und 15 Uhr zurück. Zusätzlich starten privat geführte Ausflugsschiffe in Eminönü, die eine zweistündige kleine Rundfahrt anbieten (ohne Möglichkeit des Landgangs).

35 ORTAKÖY ★ ★ [S4]

Das „Dorf in der Mitte" – so die etwas rätselhafte Übersetzung – liegt unmittelbar vor der ersten Bosporus-Brücke (Boğazıçı Köprüsü) auf europäischer Seite und besitzt einen fast **idyllischen, kopfsteingepflasterten Ortskern,** der ganz den Flaneuren gehört. Zentrum des abends zum

04Gib Abb.: fk

mondänen Leben erwachenden **Sze-ne-Örtchens** ist die zwischen 1853 und 1855 erbaute barocke **Ortaköy Camii,** deren offizieller Name Büyük Mecidiye Camii lautet. Wegen ihrer malerischen Lage direkt am Bosporus ist sie eine der meistfotografierten Moscheen Istanbuls.

An dem der Moschee vorgelagerten Platz **Iskele Meydanı** befinden sich mehrere Cafés und Fischrestaurants, die am Wochenende gut besucht sind. In den kleinen Gassen rum um den Platz laden abends mehrere gemütliche Bars und Cafés zum Verweilen ein. Eine kulinarische und optische Attraktion sind die **Kumpir-Stände,** an denen für ca. 4 € mächtige Kartoffeln ausgehöhlt und mit verschiedenen Beilagen (man hat die Qual der Wahl) vollgestopft werden.

❯ Anfahrt: mehrere Buslinien von Kabataş (z. B. 25E), das die Endhaltestelle der Tramvay ist, alternativ Bus 40 von Taksim-Platz

㊱ FESTUNG RUMELI HISARI ★ [KARTE S. 143]

Genau an der Stelle, wo der Bosporus mit 660 m seine engste Passage erreicht, ließ Sultan Mehmet Fatih in den Jahren 1451/1452 noch vor seinem Angriff auf Konstantinopel die **mächtige Festung** Rumeli Hisarı erbauen. Zusammen mit ihrem kleineren asiatischen Pendant auf der anderen Bosporus-Seite, Anadolu Hisarı, hoffte er die Kontrolle über die Meerenge zu gewinnen, die bis dahin von genuesischen und venezianischen Schiffen fast ungehindert passiert werden konnte.

Die sich den Hang hochziehende, 30.000 m² große Festung, die in nur vier Monaten fertiggestellt wurde, besteht aus drei großen und einem

Dutzend kleinerer **Türme.** Die drei wuchtigen, bis zu 30 m hohen und 9 m dicken Rundtürme tragen jeweils den Namen der Paschas, die sie erbauten: Halil, Zaganos und Sarudscha. Alle drei gehörten zum engsten Beraterkreis des Sultans und zu den militärischen Führern der Belagerung von Konstantinopel. Von den bis zu 7 m dicken Festungsmauern hat man einen schönen Blick auf den Bosporus und die zweite ihn überspannende Brücke, die **Fatih Sultan Mehmet Köprüsü.** Im Innern der Burg dient im Sommer eine **Bühne** als Aufführungsort von Fest- und Musikspielen.

❯ gleiche Busse wie Ortaköy ㉟, Eintritt: 1,50 €, geöffnet: 9–16.30 Uhr (Mi geschl.)

㊲ SAKIP-SABANCI-MUSEUM (SAKIP SABANCI MÜZESI) ★ ★ [KARTE S. 143]

Das Haus des türkischen Großindustriellen und Kunstsammlers Sabancı, der hier über 50 Jahre sein Domizil hatte, liegt in einem herrlich gepflegten Park, der sich terrassenförmig den Hang hochzieht. Als Hacı Ömer Sabancı 1951 die Villa erwarb, ersteigerte er ein Bronzepferd, das er im Park seiner Villa aufstellte. Von nun an war das Anwesen als „Atlı Köşk" („Pferdepavillon") bekannt.

Neben den klassisch wirkenden Pferde- und Nymphenstatuen erstaunt vor allem die Szenerie der vor dem Haus liegenden **Aussichtsterrasse,** deren perfektes Zusammenspiel

◀ *Meistfotografierte Moschee Istanbuls: die Ortaköy Camii am Bosporus*

von Natur und Kunst zusammen mit dem Blick auf den Bosporus sogar die Ästhetik mancher Postkartenidylle übertrifft.

Ebenso exquisit wirkt das Haus selbst, dessen historischer und künstlerischer Höhepunkt die prachtvoll vergoldeten **Korankalligrafien** des 15.–19. Jh. im Obergeschoss sind. Die Exponate sind derart einmalig, dass sie bereits im New Yorker Metropolitan Museum, im Louvre wie auch im Guggenheim-Museum als Gastausstellungen zu sehen waren.

Die Räume des Parterre, die an den großindustriellen Mäzen und Namensgeber erinnern, erlauben einen Blick auf die luxuriöse und **elegante Innenausstattung** des späten 19. bzw. frühen 20. Jh., als Sabancı sein Imperium aufbaute und hier logierte. Das Untergeschoss des Museums ist der **modernen türkischen Malerei** gewidmet. Hier finden auch regelmäßig Wechselausstellungen statt.

❯ Istinye Cad. 22, Busse wie Ortaköy ㉟, Haltestelle: Cinaralti, http://muze.sabanciuniv.edu, Eintritt: 2,40 €, geöffnet: Di/Do/Fr/So 10–18, Mi 10–22, Sa 10–18 Uhr, Mo geschl.

㊳ SADBERK-HANIM-MUSEUM (SADBERK HANIM MÜZESI) ★★ [KARTE S. 143]

Am Nordausgang des Örtchens Büyükdere liegt an der Hauptstraße das Sadberk Hanım Müzesi, das die beachtlichen **antiken Kunstsammlungen** von Sadberk Hanım, der Frau des Großunternehmers Vehbi Koç, zur Schau stellt. In dem schönen alten Museums-Yalı (Holzvilla) mit seiner prachtvollen Holztreppe und Inneneinrichtung ist neben den ethnologischen Objekten vor allem die **archäologische Ausstellung** hervorzuheben,

die u. a. alte antike Münzen und Keramikwaren umfasst. Zusätzlich gibt es interessante Goldschmuck- und Handwerksarbeiten aus unterschiedlichen islamischen Perioden (u. a. der Seldschukenzeit, 10.–13. Jh.), prachtvolles osmanisches Geschirr und europäisches Porzellan zu bewundern.

❯ Piyasa Caddesi in Büyükdere, europäische Bosporus-Seite, Busse wie Ortaköy ㉟, Haltestelle: Adliye, www.sadberkhanimmuzesi.org.tr, Eintritt: 5 €, geöffnet: 10.30–18 Uhr, Winter 10–17, Mi geschl.

㊴ BEYLERBEYI-PALAST ★★ [U4]

Am asiatischen Ufer des Bosporus steht im Schatten der ersten Bosporus-Brücke die **ehemalige Sommerresidenz der Sultane**, der Beylerbeyi-Sarayı (Beylerbeyi-Palast). Das direkt am Bosporus liegende Palais ließ Sultan Abdülaziz 1861–1865 durch den Architekten Balyan errichten. Die klassizistisch anmutende, aus 26 Räumen und sechs Hallen bestehende Anlage wurde in der Folge gerne als Gästehaus für hochrangige Besucher genutzt. So durften Kaiser Franz Joseph von Österreich wie auch die Gemahlin Napoleons III., Kaiserin Eugenie, die malerische Lage des Palais am Bosporus bewundern.

Die **Höhepunkte der Führung** sind der prachtvolle Lüster aus böhmischem Kristall in der Eingangshalle, die Sèvres-Porzellan-Vasen und vor allem der **Perlmutt-Salon** im Obergeschoss, der an Schränken und

▶ *Blaue Idylle auf den Prinzeninseln*

Stühlen prachtvolle Intarsienarbeiten zeigt. Der Salon liegt bereits im Haremsteil des klassisch strukturierten Palastes: In der Mitte die Empfangsräume und der Große Salon, rechts davon der Selamlık und links die den Frauen vorbehaltenen Räume des Haremlık.

> Anfahrt: Zunächst mit dem Schiff von Eminönü oder Kabataş (beide Tramvay-Stopp) nach Üsküdar, von der Bushaltestelle an der Anlegestelle verkehrt Bus 15 in die Orte des asiatischen Bosporus-Ufers, Haltestelle: Beylerbeyi.

> Eintritt: 3,50 €, geöffnet: 9.30–16 Uhr (Mo/Do geschl.), Führung jede Stunde (meist auf Englisch)

40 PRINZENINSELN (ADALAR) ★   [KARTE S. 143]

Wer die Millionenstadt, ihr Menschen- und Autogedränge, die vollen Busse und Bahnen und alles, was damit zusammenhängt, so einmal richtig über hat, der sollte in Kabataş ein Schiff zu den Prinzeninseln besteigen, um sich an einem (fast) autofreien Tag in der ländlichen Inselidylle wieder fit zu machen. Durchatmen, Tee trinken, wandern, Fahrrad fahren und vielleicht ein bisschen schwimmen (an meist kleineren Kiessträndern) – das könnte das Programm auf den Prinzeninseln sein.

Schon während der rund einein-halbstündigen **herrlichen Schiffsfahrt** kehren die Ruhegeister zurück – vorausgesetzt, man hat nicht das Wochenende gewählt, denn dann haben Tausende von Istanbulern (zumindest bei schönem Wetter) mit Kind und Kegel die gleiche gute Idee.

Die insgesamt **neun Prinzeninseln** liegen 15 bis 20 km südöstlich des Goldenen Horns im Marmarameer, knapp 3 km von der asiatischen Küste entfernt. Sie besitzen eine ausgesprochen **mediterrane Flora** (Bougainvilleen, Oleander, Magnolien, Akazien), wobei die größeren Inseln von schattigen Pinien- und Kiefernwäldern bedeckt sind. Im Winter leben hier knapp 20.000 Menschen, im Sommer schießt diese Zahl leicht auf das Zwanzigfache hoch.

047 ib Abb.: fk

In der Antike waren die Inseln zunächst als *Demonesoi* („Gemeindeinseln") und später als *Papadonissia* („Priesterinseln") bekannt. Letzterer Name verweist bereits auf die hier von alters her angesiedelten **Klöster.** Zu byzantinischen Zeiten wurden des Öfteren unliebsame oder unbequeme Mitglieder des Hofes, darunter auch Kaiserinnen und Prinzen, auf den Inseln gefangen gehalten und isoliert. Die größte Insel erhielt deshalb den Namen **Prinkipo** („Prinz"), der sich bald als Synonym für die ganzen Inseln durchsetzte. Die Türken gaben den Inseln wegen ihres roten, eisenhaltigen Gesteins den Namen Kızıl Adalar („Rote Inseln"), wobei sie allerdings jedermann nur „Adalar" nennt.

Jahrhundertelang ging hier alles mehr oder weniger seinen gleichen, geruhsamen Gang. Der **Fischfang,** kleine **Obst- und Gemüsegärten** sowie einige **Rebenhaine** waren die Basis des Überlebens. Als dann 1846 das erste Dampfboot den Fährverkehr mit den Inseln aufnahm, tauchten prompt die ersten Europäer (Franzosen) auf, die in Istanbul als Gesandte oder Geschäftsleute lebten und auf den Inseln ihre **Sommerdomizile** errichteten. Im 20. Jh. war es die Istanbuler Geschäftselite und -prominenz, die sich hier einnistete oder zumindest ein Sommerhaus unterhielt.

Motorisierte Fahrzeuge gibt es auf den Inseln – abgesehen von wenigen städtischen Hilfsfahrzeugen – keine, da der **private Autoverkehr nicht erlaubt** ist. **Pferdedroschken** bieten ihre Dienste für eine Inselrundfahrt an. Alternativ dazu kann man sich entweder ein Fahrrad leihen oder aber zu Fuß die Inseln erkunden.

Unter den insgesamt neun Inseln sind nur vier zu besuchen, in der Reihenfolge der Schiffsanfahrt: Kınalı Ada, Burgaz Ada, **Heybeli Ada** und zum Schluss die größte, **Büyük Ada.**

Letztere ist mit 5,5 km² die **größte Insel** des Archipels und zugleich auch die **attraktivste** und meistbesuchte. Pinien- und Kiefernwälder bedecken die Hänge der beiden Hügel, von denen vor allem der südlichere, der 203 m hohe **Yüce Tepe,** touristisch interessant ist. Hier liegt in luftiger Höhe das **Aya Yorgi Manastırı** (Georgs-Kloster), dessen Kapelle gerne besucht wird. Ein kleines Café mit herrlicher Aussicht entschädigt für den steilen Aufstieg. Pferdedroschken können nur zur Kreuzung unterhalb des Klosters fahren (ca. 10 € vom Hafen), über einen kopfsteingepflasterten Weg geht es dann vorbei an Sträuchern, die mit weißen Wunschzetteln behängt sind, noch ca. 1 km bergan.

> **Anfahrt:** Zurzeit fahren die Schiffe zu den Prinzeninseln von Kabataş (Endstation der Tramvay, siehe Plan) um 7, 9, 10.30, 12, 14, 16.30, 18.15 und 19.40 Uhr ab (Preis ca. 2 € pro Strecke); **Haltepunkte:** Kadıköy, Kınalı Ada, Burgaz Adası, Heybeli Ada, Büyük Ada; Fahrtdauer bis zur letzten und größten Insel Büyük Ada: 1,5 Std.; Zeiten der Rückfahrt 6.15, 7, 8.25, 10, 12.30, 15.15, 17.30, 18.25, 19.30 Uhr (von Büyük Ada). Wer seine Fahrt von Insel zu Insel unterbricht, muss bei der Weiterfahrt erneut bezahlen.

PRAKTISCHE
REISETIPPS

005ib Abb.: fk

AN- UND RÜCKREISE

MIT DEM FLUGZEUG

Preise und Fluglinien

Nonstop-Verbindungen nach Istanbul bestehen von allen größeren Flughäfen in Deutschland, Österreich und der Schweiz mit Lufthansa, Turkish Airlines, Swiss und Austrian Airlines. Von Frankfurt/Main fliegt man knapp **3 Stunden.**

Ein **Economy-Ticket** von Deutschland, Österreich und der Schweiz nach Istanbul bekommt man je nach Jahreszeit und Aufenthaltsdauer **ab knapp über 100 €** (hin und zurück inkl. aller Steuern, Gebühren und Entgelte). Am teuersten ist es in der Hauptsaison im Juli und August, in der die Flugpreise auf über 400 € steigen können.

Kinder unter zwei Jahren fliegen ohne Sitzplatzanspruch für 10 % des Erwachsenenpreises, ansonsten werden für ältere Kinder die regulären Preise je nach Airline um 25–50 % ermäßigt. Ab dem zwölften Lebensjahr gilt der Erwachsenentarif.

Preiswerter geht es mit etwas Glück, wenn man bei einer **Billigfluggesellschaft sehr früh online bucht.** Es werden keine Tickets ausgestellt, sondern man bekommt nur eine Buchungsnummer per E-Mail. Zur Bezahlung wird in der Regel eine Kreditkarte verlangt. Verpflegung wird extra berechnet. Für Istanbul interessant sind folgende Airlines, die den Flughafen **Sabiha Gökçen** auf der asiatischen Seite anfliegen:

> **easyJet,** www.easyjet.com, ab Basel-Mühlhausen-Freiburg
> **Germanwings,** www.germanwings.com, ab Berlin-Schönefeld, Köln/Bonn und Stuttgart nonstop, ab vielen anderen deutschen Flughäfen sowie ab Zürich und Wien über Berlin-Schönefeld, Köln/Bonn oder Stuttgart
> **Sunexpress,** www.sunexpress.com, nach Istanbul von mehreren deutschen Flughäfen

Vom Flughafen in die Stadt

Die meisten internationalen Flüge kommen immer noch auf dem **Flughafen Istanbul-Atatürk** (Atatürk Havalimanı) an, der knapp 20 km westlich des Zentrums bei Yeşilköy auf der europäischen Seite liegt.

> Tel. 0212 6636400,
> www.ataturkairport.com

Wer in unmittelbarer Nähe der großen Sehenswürdigkeiten in Sultanahmet Unterkunft finden will, kann vom Airport mit der **Metro** bis zur Endstation Aksaray fahren, um dort auf die **Straßenbahn (Tramvay)** umzusteigen. (Man hält sich am Ausgang der Metro in Aksaray rechts und folgt dem Schild „Tramvay", der Name der Haltestelle ist „Yussuf Paşa".) Die Tramvay Richtung Kabataş hält in Sultanahmet. Da man sowohl für die Metro als auch für die Tramvay einen Jeton braucht (s. S. 125), sollte man am Metrofahrkartenschalter des Flughafens direkt zwei kaufen (pro Jeton ca. 60 Cent, der genaue Preis in türkischer Lira hängt am Fahrkartenschalter aus). Die Metro verkehrt von 6 bis 24 Uhr.

Wer es vorzieht, im westlichen Vergnügungsviertel von Beyoğlu (Taksim) zu nächtigen, kann für ca. 7 € den **Havaş-Bus** nehmen, der direkt vor der Ankunftshalle des Flughafens zum Taksim-Platz fährt (halbstündlich von 5 bis 23 Uhr). Oder man verfährt wie oben, nimmt aber die Tramvay bis zur Endhaltestelle Kabataş, um von dort mit der neuen unterirdischen Zahnradbahn (Füniküler) Taksim zu erreichen.

Das **Taxi** nach Sultanahmet/Sirkeci kostet ca. 15 €, nach Beyoğlu/Taksim knapp 20 €.

Der **zweite internationale Flughafen, Sabiha Gökçen,** liegt bei Kurtköy **im asiatischen Teil** (ca. 30 km östlich des Zentrums). Angeflogen wird der privat geführte Flughafen u. a. von den Billigfliegern Germanwings und Sunexpress. Die Flüge beider Airlines erreichen Istanbul in der Regel nachts bzw. gehen frühmorgens wieder zurück.
› Tel. 0216 5855000, www.sgairport.com

Auch in Sabiha Gökçen gibt es **Havaş-Busse,** die den nachts ankommenden Fluggast zum Taksim-Platz bringen (ca. 7 €, Fahrzeit ca. 45 Min., zwischen 4 und 20 Uhr in beide Richtungen zu jeder vollen Stunde).
Die mit Abstand billigste Alternative ist aber die reguläre Verbindung mit den **I.E.T.T.-Stadtbussen (Linie E 10)** vom Flughafen Sabiha Gökçen **nach Kadıköy** (ca. 2 €). Der Bus fährt tagsüber häufig (mindestens jede halbe Stunde), nachts – und dies ist für die meisten Flugreisenden wichtiger – zurzeit folgendermaßen:
› Von Sabiha Gökçen nach Kadıköy ab 21 Uhr stündlich bis 2 Uhr, danach noch um 2.30, 3 und 3.30 Uhr, um 5 Uhr startet dann der erste Bus am Morgen.
› Von Kadıköy zum Flughafen von 21 bis 1 Uhr stündlich, danach noch um 1.45 und 2.45 Uhr, der erste Bus am Morgen fährt dann um 4 Uhr.

Der Bus braucht 45 bis 60 Min. pro Strecke (je nach Verkehr, nachts also schneller). Die Abfahrtsstelle in Kadıköy – bei Rückfahrt zum Flughafen – ist am Busbahnhof direkt beim Hafen. Von Kadıköy gelangt man dann per **Boot** (verkehrt erst ab 6 Uhr morgens!) oder **Dolmuş** (fährt rund um die Uhr nach Taksim) günstig und schnell auf die europäische Seite (siehe „Verkehrsmittel").
Wer mit dem **Taxi** von Sabiha Gökçen in die Innenstadt fährt, muss nachts mit mindestens 40 € rechnen.
Die **Havaş-Busse** zu den Flughäfen Atatürk und Sabiha Gökçen fahren nördlich des Taksim-Platzes von der Cumhuriyet Cad. 21 ab (Havaş-Büro).

MIT BAHN, BUS ODER AUTO

Die lange und mühselige Anreise über den Balkan oder Italien erfordert viel Zeit (ca. 3 Tage) und ist zudem in aller Regel teurer als das Flugticket.

BARRIEREFREIES REISEN

Nein, man kann nicht behaupten, dass die Stadt der sieben Hügel mit ihrem chaotischen Verkehr, ihren teilweise hohen oder extrem engen Bordsteinen und den zumeist auf „normale" Klientel beschränkten Toiletten eine behindertengerechte Stadt sei. Nur wenige Tophotels und Museen sind auf Menschen eingestellt, die in irgendeiner Weise in ihrer Bewegung eingeschränkt sind. Wer dennoch – verständlicherweise – nicht auf den Besuch einer der schönsten Städte der Welt verzichten will, kann sich unter den folgenden Adressen um **Unterstützung bzw. Organisationshilfe für die Reise** erkundigen:
› **Bundesverband Selbsthilfe Körperbehinderter e. V.,** Altkrautheimer Str. 20, 74238 Krautheim, Tel. (Reiseabteilung) 06294 428150, Fax 06294 428159, www.bsk-ev.org/1086/sitemap

❯ **Grabo-Tours Reisen e.K.**, Rennweiler Str. 5, 66903 Ohmbach, Tel. 06386 7744, Fax 7717, www.grabo-tours.de

DIPLOMATISCHE VERTRETUNGEN

●**107** [M6] **Deutsches Konsulat (Alman Başkonsolosluğu),** Inönü Caddesi 16–18, Gümüs, Suyu, Tel. 0212 3346100, www.istanbul.diplo.de

●**108 Österreichisches Konsulat (Austria Başkonsolosluğu),** Köybaşı Cad. 46, Yeniköy, Tel. 0212 3638410, www.bmeia.gv.at/botschaft/istanbul.html

●**109 Schweizer Konsulat (Swiss Başkonsolosluğu),** 1. Levent Plaza, A-Blok Kat 3, Büyükdere Cad. 173, Levent, Tel. 0212 2831282

EIN- UND AUSREISE-BESTIMMUNGEN

Deutsche und Schweizer benötigen bei der direkten Einreise über einen **Flughafen** lediglich den **Personalausweis.** Man erhält einen losen Zettel mit dem Einreisestempel, der bei der Ausreise wieder vorgelegt werden muss. Reist man also **über Land** ein (z. B. mit dem Zug oder Auto), ist ein **Reisepass** vonnöten (dann Stempel im Pass). Deutsche und Schweizer, die länger als drei Monate bleiben wollen, brauchen ein Visum.

Österreicher benötigen den **Reisepass und ein Visum** (ca. 10 €), das am Flughafen erteilt wird.

▶ *Wer sich an den einfachen, gleichwohl empfehlenswerten Imbissbuden versorgt, kann viel Geld sparen*

Kinder unter 16 Jahren müssen einen Lichtbildausweis (mit Foto) besitzen oder aber im Pass der Eltern eingetragen sein.

Der **Verlust** der Dokumente ist sofort der Polizei (Protokoll) und dem entsprechenden Konsulat zu melden.

ZOLLBESTIMMUNGEN

Gegenstände und Artikel für den persönlichen Bedarf dürfen **zollfrei eingeführt** werden. Allerdings sollte man besonders wertvolle Gegenstände (z. B. kostbaren Schmuck, den hypermodernen Laptop usw.) bei der Einreise in den Pass eintragen lassen, um sich nicht beim Verlassen des Landes etwaigen Nachfragen und Unannehmlichkeiten gegenüber zu sehen. Ansonsten dürfen 200 Zigaretten bzw. 50 Zigarren, 200 Gramm Tabak, 5 l Spirituosen, 5 Flaschen Parfüm (jeweils 120 ml) und Geschenke bis zu einem Wert von 250 € zollfrei eingeführt werden. Streng **verboten** ist die Einfuhr von Waffen, Pornografie und natürlich Rauschmitteln bzw. Drogen.

Bei der **Ausreise** müssen für neue Teppiche die Rechnung, für alte Teppiche oder ähnlich wertvolle ältere Gegenstände Bescheinigungen einer Museumsleitung vorgelegt werden. Die Ausfuhr von anerkannten Antiquitäten ist streng untersagt und zieht empfindliche Strafen nach sich.

ELEKTRIZITÄT

Die Netzspannung beträgt **220 Volt.** Die **Steckdosen** in allen modernen oder renovierten Häusern passen zu europäischen Steckern, lediglich in alten Gebäuden ist noch manchmal ein Adapter vonnöten.

GELDFRAGEN

In diesem CityTrip werden die **Preise in Euro** angegeben. Viele Türken und touristische Einrichtungen wie z. B. Hotels rechnen nämlich ihre Preise auf der Grundlage von Euro oder Dollar aus.

Die **Türkische Lira (TL)** ist zurzeit in **Banknoten** von 200, 100, 50, 20, 10 und 5 TL im Umlauf. **Münzen** gibt es im Wert von 1 TL, 50, 25, 10, 5 und 1 **Kuruş** (100 Kuruş = 1 TL).

Wer am Flughafen ankommt, sollte nur wenig tauschen, denn die Geldwechselstuben dort nehmen ausnahmslos 4 Prozent Kommission. In den touristischen Zentren der Stadt

ISTANBUL PREISWERT

Lässt man die Hotelkosten beiseite, kann Istanbul immer noch als eine recht **preiswerte Stadt** *bezeichnet werden. Dies betrifft sowohl das Essen, die Eintrittspreise in Museen wie auch die Verkehrsmittel.*

❯ **Essen:** *In einer normalen* **Lokanta (Garküche)** *bekommt man schon ab ca. 3 bis 4 € eine Portion. Noch billiger sind die Snacks am Kiosk.*

❯ *Wer sich für moderne Kunst interessiert, kann das* **Istanbul Modern ❷** *donnerstags umsonst besuchen.*

❯ *Einzeljetons auf Schiffen, in Bussen und Straßenbahnen kosten pro Fahrt lediglich ca. 0,70 €. Dieser Umstand ermöglicht eine äußerst* **preisgünstige Stadtrundfahrt** *mit der Istanbuler Tramvay (s. S. 126), die durch die touristisch interessanten Gebiete Sultanahmet, Karaköy und Beyoğlu fährt. Preisgünstiger gehts nicht!*

049ib Abb.: fk

WECHSELKURS

1 €	=	2,20 Türkische Lira (TL)
1 CHF	=	1,70 TL
1 TL	=	0,45 € bzw. 0,59 CHF

(Stand: Frühjahr 2011)

befinden sich überall **Wechselstuben** (**Döviz**), die klar und deutlich den jeweiligen Tageskurs anzeigen und in aller Regel keine Kommission nehmen. Natürlich kann man auch bei **Banken** und den meisten **Postämtern** wechseln.

Der **Geldautomat** ist der ideale Ort zur Bargeldbeschaffung. Ob und wie hoch Kosten für die Barabhebung anfallen, ist abhängig von der Bank, die die Karte ausgestellt hat, und von jener, bei der die Abhebung erfolgt. Man sollte sich daher vor der Reise bei seiner Hausbank informieren.

Kreditkarten – VISA, MasterCard und American Express – werden im Allgemeinen in mittleren und größeren Hotels und Restaurants wie auch in Geschäften akzeptiert. Trotzdem sollte man sich vorher vergewissern, ob die jeweilige Lokalität eine Ausnahme darstellt, um so ggf. auf eine Barzahlung eingestellt zu sein.

HYGIENE

In kleinen Restaurants *(Lokanta),* Cafés und Billigstabsteigen kann man noch gelegentlich auf die *Tuvalet alla turca,* die **Hocktoilette** bzw. das **Stehklo,** treffen. Sie ist prinzipiell keineswegs weniger hygienisch, aber für Europäer ungewohnt. In diese Toiletten sollte man kein Papier hineinwerfen, da sie leicht verstopfen, dafür stehen Behälter/Eimer bereit. Außerhalb der Hotels sind vor allem in billigeren Cafés und *Lokantas* die Toiletten meist sehr einfach – und gelegentlich auch nicht in dem Zustand, den sich ein Mitteleuropäer wünscht.

Wer übrigens einmal von einem plötzlich auftretenden Bedürfnis heimgesucht wird, sollte nach der nächsten **Moschee** Ausschau halten. Hier steht immer eine saubere Toilette zur Verfügung. Die Aufschrift für Frauen ist „Bayan" oder „Kadın", die für Männer „Erkek" oder „Bay". Alternativ dazu gibt es an großen Plätzen und Straßenkreuzungen **öffentliche Toiletten,** die ebenfalls in aller Regel durchaus passabel sind. Alle öffentlichen Toiletten im Stadtzentrum (also auch die der Moscheen) fordern ein Entgelt von ca. 20–50 Cent, sodass man Kleingeld bereithalten sollte.

Leitungswasser sollte man nicht unbedingt trinken. Auch die Einheimischen haben immer eine Flasche **Trinkwasser** *(Su)* in der Wohnung parat.

INFORMATIONS-QUELLEN

INFOSTELLEN ZU HAUSE

> **In Deutschland:** Informationsabteilung der Türkischen Botschaft, Rungestr. 9, 10179 Berlin, Tel. 030 2143752 oder 2143852, Fax 2143952, www.goturkey.com, und
> **Generalkonsulat der Republik Türkei,** Kulturattaché, Baseler Str. 35–37, 60329 Frankfurt, Tel. 069 23308182, Fax 232751, www.reiseland-tuerkei-info.de
> **In Österreich:** Informationsabteilung für Kultur und Fremdenverkehr der

Botschaft der Republik Türkei, Singerstr. 2/8, 1040 Wien, Tel. 01 5122128, Fax 5138326, www.turkinfo.at

❭ **In der Schweiz:** Kultur- und Informationsamt des Türkischen Generalkonsulats, Stockerstr. 55, 8002 Zürich, Tel. 044 2210810–12, Fax 2121749, www.tuerkei-info.ch

INFOSTELLEN IN DER STADT

Touristische Informationsstellen

Die **türkischen Fremdenverkehrsämter (Turizm Danışma)** vor Ort sind mit Karten, Veranstaltungstipps und -broschüren ausgerüstet. Hervorzuheben ist besonders das stark besuchte **Tourist Office in Sultanahmet**, dessen kompetente und freundliche Mitarbeiter stets bemüht sind, alle nur möglichen Fragen zu beantworten (auf Englisch oder Deutsch).

ZEITUNGEN

Ausländische Zeitungen, darunter auch deutschsprachige, sind mit mindestens eintägiger Verspätung an den zentralen Kiosken Sultanahmets (Divan Yolu) bzw. Beyoğlus (Taksim) erhältlich.

Wer den Englischen mächtig ist, kann zudem die täglich erscheinende **Turkish Daily News** als Informationsquelle benutzen. Auch sie wird in großen Buchhandlungen bzw. an den großen Kiosken der Touristenzentren verkauft. Kulturell noch informativer ist das monatlich erscheinende Magazin **Istanbul Time Out,** dessen englische Version (ca. 2 €) ebenfalls in großen Buchhandlungen und Kiosken vertrieben wird. Es enthält einen umfangreichen **Veranstaltungskalender** für den laufenden Monat.

In Sultanahmet:

❶ **110** [K13] **Tourist Office (Turizm Danışma),** Divan Yolu 3 (am Sultanahmet Meydanı in einem kleinen Pavillon), tgl. 9–17 Uhr, Tel. 0212 5188754, Fax 0212 5181802

In Taksim/Beyoğlu:

❶ **111** [L5] **Tourist Office,** in der Einfahrt zum Hilton Hotel, Cumhuriyet Cad. (nördlich des Taksim-Platzes Richtung Harbiye), tgl. 9–17 Uhr, Tel. 0212 2330592, Fax 0212 2456876

Am Bahnhof Sirkeci:

❶ **112** [K11] **Tourist Office,** tgl. 9–17 Uhr, Tel. 0212 5115888. Seit Ausbleiben der meisten internationalen Züge eine selten besuchte, aber freundliche Touristeninformation.

Am Atatürk-Flughafen (europäische Seite):

❭ **Tourist Office,** in der Ankunftshalle, 24-Stunden-Service, Tel. 0212 5734136, Tel./Fax 0212 6630793

Am Flughafen Gökçen Sabiha (asiatische Seite):

❭ **Tourist Office,** zu Ankunftszeiten offiziell besetzt, aber in der Nacht oft vakant, Tel. (zentrale Vermittlung) 0216 5855000

Deutschsprachige Kulturinstitute

Die folgenden Institute informieren nicht nur über kulturelle Veranstaltungen, sie organisieren als Kulturvermittler auch selbst Feste, Musikveranstaltungen und Lesungen mit meist deutschsprachigem Hintergrund (beide verfügen zudem über **Bibliotheken**).

●**113** [K7] **Goethe-Institut (Alman Kültür Merkezi),** Yeniçarşı Cad. 52 (in Beyoğlu nahe Galatasaray Lisesi), Tel. 0212 2492009 oder 2494582, Fax 0212 2525214, www.goethe.de/om/ist

❯ **Österreichisches Kulturinstitut (Avustu-rya Kültür Merkezi)**, in der Österreichischen Botschaft (s. S. 110), Köybaşı Cad. 46, Tel. 0212 2237843
❯ Eine ähnliche Funktion erfüllt auch die alteingesessene **Alman Kitab Evi (Deutsche Buchhandlung**, s. S. 21).

ISTANBUL IM INTERNET

Für **allgemeine Informationen** über Istanbul stehen mehrere Internetadressen zur Verfügung.

❯ Wer sich allgemein über die Türkei informieren will, kann die offizielle Website des Tourismusministeriums besuchen: **www.tourismturkey.org** (englisch).
❯ Wer sich im Internet auf Hotelsuche begeben will, findet in diesem Reiseführer bei allen Hotels, die eine Website haben, den entsprechenden Link. Darüber hinaus kann die Internetadresse **www.istanbulhotels.com** besucht werden.
❯ Informativ sind auch die englischsprachigen Websites **www.istanbul.com** bzw. **www.exploreistanbul.com**, die Infos über Hotels, Restaurants, Sehenswürdigkeiten

usw. liefern. Vor allem letztere ist breit und aufwendig gestaltet.

❯ Veranstaltungsinfos für Musik- und Theateraufführungen wie auch Festivals sind auf **www.istfest.org** und **www.biletix.com** zu finden. Der erste Link bezieht sich auf die Festivals der Stadt (s. S. 12). Die letztgenannte Site bietet die Möglichkeit, nahezu alle aktuellen Veranstaltungen im Überblick zu sehen und online zu buchen (englisch).
❯ Auf **www.iett.gov.tr** (nur türkisch) werden Straßenbahn- und Buslinien präsentiert.
❯ Für kulturelle und politische Hintergrundinformationen bietet sich das seit 2001 erscheinende Internetmagazin Istanbul Post an: **www.istanbulpost.net** (deutschsprachig).
❯ Zu empfehlen ist auch der Besuch von **www.mymerhaba.com** (deutschsprachig, auf Flagge klicken), ein Internetportal für Ausländer in der Türkei, das breite Informationen über alle wichtigen Bereiche zur Verfügung stellt. Hier finden sich praktische Informationen (z. B. Arztadressen, Arbeitsvoraussetzungen) wie auch touristische Infos (Kulturkalender).

050ib Abb.: fk

INTERNET UND INTERNETCAFÉS

Die meisten größeren, aber auch viele mittelgroße Hotels verfügen über einen meist kostenlosen **WLAN-Hotspot**. Eine weltweite Online-Datenbank zu WLAN-Spots findet man auf:
> http://v4.jiwire.com/search-hotspot-locations.htm

Zudem sind **Internetcafés** weitverbreitet, vor allem in den Stadtteilen Beyoğlu ⑱ und Sultanahmet, und relativ preisgünstig (0,5 St. ca. 0,80 €).

MEDIZINISCHE VERSORGUNG

Die medizinische Versorgung in Istanbul ist generell zufriedenstellend, ja sogar gut. Viele Ärzte haben im Ausland studiert und können Englisch und/oder Deutsch. Da die Kosten für Zahnbehandlungen, Schönheitskliniken und z. B. Augenoperationen (Lasertechnik) viel günstiger sind als in Mitteleuropa sind, hat sich geradezu ein **medizinischer Tourismus** etabliert.

Für die touristische Durchschnittsversorgung bieten sich viele Adressen

■ MEINE LITERATURTIPPS

Geschichte des Osmanischen Reiches
> *Wolfgang Gust:* **Das Imperium der Sultane,** *München/Wien 1995. Schwungvoll und anekdotenreich geschriebene Geschichte des Osmanischen Reiches.*
> *Steven Runciman:* **Die Eroberung von Konstantinopel 1453,** *München 1990. Spannende Lektüre für denjenigen, der in Istanbul weilt und sich für die Geschichte der Stadt interessiert.*

Istanbul
> *J. Freely/H. Summer-Boyd:* **Istanbul,** *München 1986. Ein zum Klassiker avancierter Architekturführer durch Istanbul.*
> *Orhan Pamuk:* **Das schwarze Buch,** *München, Wien 1995. Roman, der an vielen Orten Istanbuls spielt.*
> *Orhan Pamuk,* **Istanbul – Erinnerungen an eine Stadt,** *München 2006. Natürlich eine Hommage und Liebeserklärung an Istanbul,*

die Stadt, in welcher der Nobelpreisträger Pamuk aufgewachsen ist.
> *Barbara Yurtdaş:* **Istanbul: Ein Reisebegleiter,** *Frankfurt/M., Leipzig 2004. Literarischer Reisebegleiter mit vielen weiterführenden Literaturhinweisen im Anhang.*

Kunst und Literatur der Türkei
> *Yüksel Pazarkaya:* **Rosen im Frost. Einblicke in die türkische Kultur,** *Zürich 1989. Mittlerweile ein Klassiker der ins Deutsche übersetzten Einführungen in die Literatur- und Kunstgeschichte des Landes.*
> *Wendy Buonaventura:* **Bauchtanz – Die Schlange und die Sphinx,** *München 1998. Ein geografisch wie historisch umfassender Versuch über den „orientalischen Tanz".*
> **Türkische Märchen,** *hrsg. v. Adelheid Uzunoglu-Ocherbauer, Frankfurt/M. 1997. Eine Sammlung alter, höchst heiterer Märchen, z. B. zur Einstimmung auf die Reise.*

an. Das eigene Hotel kann beim Auffinden eines deutschsprachigen Arztes in der Umgebung oder der nächsten Apotheke *(Eczane)* helfen.

Es empfiehlt sich, ungeachtet des türkischen Versicherungsabkommens mit Deutschland, Österreich und der Schweiz, eine **private Krankenversicherung** abzuschließen. Man tritt in Istanbul dann zwar in Vorkasse, bekommt aber gegen Vorlage der Arzt- bzw. Apothekenquittung (gut aufheben!) nach der Reise das Geld zurück.

KRANKENHÄUSER

+ **114** [L7] **Alman Hastanesi (Deutsches Krankenhaus)**, Sıraselviler Cad. 119, Taksim, www.almanhastanesi.com.tr, Tel. 0212 2932150. Das Krankenhaus besitzt auch eine private **deutschsprachige Zahnklinik**, Tel. 0212 2524300.
+ **115** [J9] **Sen Jorj Hastanesi (Österreichisches St. Georg Krankenhaus)**, Bereketzade Medresesi Sok. 7, Karaköy, Tel. 0212 2432590
+ **116** [L7] **Taksim Ilkyardım Hastanesi (Erste-Hilfe-Krankenhaus Istanbul)**, Sıraselviler Cad. 112, Taksim (nahe dem Deutschen Krankenhaus). Auf Notsituationen spezialisiertes türkisches Krankenhaus.

APOTHEKEN

Apotheken *(Eczane,* Aussprache: Esa:ne) findet man **fast an jeder Ecke** (ca. 9 bis 18 Uhr geöffnet). Viele Medikamente, die in Europa verschreibungspflichtig sind, gehen hier ohne Rezept und billig über die Ladentheke. Jeder Wohnbezirk hat eine **Bereitschaftsapotheke** (an der Hotelrezeption fragen) für den Notdienst *(Nöbetçi,* nächste Adresse auch im Fenster der Apotheken angeschrieben).

MIT KINDERN UNTERWEGS

Die Türken sind allgemein sehr kinderfreundlich – die Stadt Istanbul ist es nicht. Das schon auf erwachsene Mitteleuropäer verwirrend wirkende **Verkehrschaos**, dazu die **wenigen Spielplätze und Parks** sowie die **permanente Hektik** und Fülle der Straßen und Gehwege machen es Kindern nicht leicht, ihren Raum zu finden.

Sicher, da gibt es das Meer, die Schiffe und die autofreien **Prinzeninseln 40**. Auch im **Gülhane-Park** (s. S. 69) können Kinder sich richtig austoben, aber ansonsten ist die Stadt für die Kleinen eher **anstrengend** und wegen des Verkehrs nicht ungefährlich. Für Kleinkinder findet man keine „wickelgerechten" Toiletten und wer einen Kinderwagen durch Istanbul schieben will – fast unvorstellbar! – braucht Nerven wie

O51.ib Abb.: fk

Drahtseile. Da ist das Tragen des Babys in einem Umhängetuch sicher die „leichtere" Alternative.

Das **Reiseprogramm** sollte neben den oben genannten Ausflugspunkten eventuell auch noch folgende Tipps berücksichtigen:

- ●117 **Orman-Park,** Dolmuş von Taksim Richtung Sarıyer (Abfahrt Miralay Şefik Bey Sokak, dem Fahrer die Haltestelle sagen: Fatih Çocuk Ormanı), www.park orman.com.tr. Der Park im Stadtteil Maslak im Norden Istanbuls ist für Kinder besonders geeignet. Die in einem Waldgebiet liegende Freizeitanlage ist bei Familien sehr beliebt und verfügt über Spielplätze, Picknickgelegenheiten und sogar einen Swimmingpool.
- ❭ Unter den Museen dürfte das **Industriemuseum** (s. S. 39) interessant sein.

NOTFÄLLE

Diebstahl und Kartenverlust

Die **Touristenpolizei** hat ihr Hauptquartier in Sultanahmet gegenüber dem Eingang zur Yerebatan-Zisterne ❺. Im Falle des Verlusts oder Diebstahls von Ausweispapieren oder Schecks ist hier für die Botschaft/Bank/Versicherung ein Polizeiprotokoll zu erstellen. Die Beamten sprechen meist entweder Englisch oder auch Deutsch.

- ➤118 [K12] **Turizm Polisi (Touristenpolizei),** Yerebatan Cad. 6, Tel. 0212 5285369, rund um die Uhr geöffnet

Wird der **Reisepass oder Personalausweis im Ausland gestohlen,** muss man dies bei der örtlichen Polizei melden. Darüber hinaus sollte man sich an die nächste diplomatische Auslandsvertretung seines Landes wenden (s. S. 110), damit man einen

NOTRUFNUMMERN

- ❭ **Polizei:** Tel. 155
- ❭ **Ambulanz:** Tel. 112
- ❭ **Feuerwehr:** Tel. 110

Ersatzausweis zur Rückkehr ausgestellt bekommt. (Ohne kommt man nicht an Bord eines Flugzeuges!)

Bei Verlust oder Diebstahl der **Kredit- oder Maestro-(EC-)Karte** sollte man diese umgehend sperren lassen. Für deutsche Maestro- und Kreditkarten gibt es die einheitliche **Sperrnummer 0049 116116**, im Ausland zusätzlich 004930 40504050. Für Österreicher und Schweizer wird dieser Service vorerst nicht angeboten, deshalb sollten sie sich vor der Reise über die jeweiligen Sperrnummern informieren. Wichtig: Bei Maestro-(EC-)Karten muss man für die Sperrung seine Kontonummer nennen können.

- ❭ www.sperr-notruf.de

Nur wenn man den Kaufbeleg mit den Seriennummern der **Reiseschecks** sowie den Polizeibericht vorlegen kann, wird der Geldbetrag von einer größeren Bank vor Ort binnen 24 Stunden zurückerstattet. Also muss der Verlust oder Diebstahl umgehend bei der örtlichen Polizei und auch bei American Express bzw. Travelex/Thomas Cook gemeldet werden.

◀ *Wie die Mutter, so die Tochter: islamischer Chic*

ÖFFNUNGSZEITEN

Sonntags haben Behörden, Banken, Bazare und große Geschäfte wie Kaufhäuser geschlossen. Kleine Geschäfte *(Bakkal)* dagegen sind meist geöffnet – und zwar von frühmorgens bis spät in die Nacht. Überhaupt sind die Öffnungszeiten in der Türkei **sehr variabel,** viele Geschäfte haben auch sonntags geöffnet.

> **Banken und Behörden:** Mo–Fr 8.30–12/13.30–17 Uhr
> **Apotheken** *(Eczane):* Mo–Sa 9–19 Uhr
> **Geschäfte und Kaufhäuser:** Mo–Sa 9.30–19 Uhr (je nach Geschäftskette manchmal auch länger)
> Der **Große Bazar** wie auch der **Ägyptische Bazar** sind am Sonntag geschlossen, sonst von 9–19 Uhr geöffnet.
> Für **Museen und Sehenswürdigkeiten** siehe die detaillierten Angaben im Kapitel „Istanbul entdecken". Generell ist der Montag für Museen meist ein Ruhetag.

POST

Postämter erkennt man allgemein an der gelb-schwarzen Signatur „PTT", sie sind zahlreich vertreten. Kleinere Postämter haben in der Regel Mo–Sa 8.30–12.30 und 13.30–17 Uhr geöffnet.

Postkarten und Briefe bis 10 g nach Deutschland, in die Schweiz oder nach Österreich kosten etwa 50 Cent. Ihre Reisedauer beträgt in der Regel drei bis fünf Tage. Die wichtigsten Postämter sind:

▶ *Im Gewimmel des Großen Bazars* ⑪ *sollte man auf seine Wertsachen achten*

✉**119** [J11] **Hauptpostamt (Büyük Postane)**, in Sirkeci, Büyük Postane Caddesi, tägl. 8.30–17.30 Uhr
✉**120** [L6] **Postamt Taksim,** Cumhuriyet Cad. 2, Mo–Sa 8.30–12.30/13.30–17.30 Uhr

SCHWULE UND LESBEN

Es gibt mittlerweile eine durchaus **florierende homosexuelle Infrastruktur** wie z. B. die Schwulenzeitung KAOS (in den Buchhandlungen Beyoğlus, nur in Türkisch, aber mit deutscher Info-Internetseite: www.kaosgl.org) oder die Organisation Lambda, die sich um Anerkennung und internationale Vernetzung bemüht. Wer des Englischen mächtig ist, kann auf folgender **Infoseite** weitere Schwulen- und Lesbentipps bzw. -adressen erhalten:

> **www.istanbulgay.com**

Trotzdem ist für die alltägliche Praxis Folgendes wichtig: Das Ausleben homosexueller Neigungen in der Öffentlichkeit begrenzt sich auf die **modernen Stadtteile (Beyoğlu)** und wird meistens in einschlägigen Klubs praktiziert. Von diesen Klubs gibt es allerdings erstaunlich viele und sie genießen auch bei Heteros ein hohes Entertainment-Ansehen. Ansonsten sollte man besonders in **konservativen Stadtteilen** sehr zurückhaltend sein. Ein Outing ist hier völlig fehl am Platz.

BARS, KLUBS, CAFÉS

❷**121** [L7] **Bar Bahçe,** Soğancı Sok. 7 (1. Stock), 21–2 Uhr, Eintritt am Wochenende 5 €. Beliebter freundlicher Klub, dessen Tanzfläche auch von Heteros geschätzt wird.
> **Lovedancepoint** (s. S. 34)

❶122 [K6] **Shake'in,** Yeşilcam Sok. 25, tägl. 16–1 Uhr (Fr/Sa bis 2 Uhr). Beliebte Café-Bar mit angenehmer Atmosphäre nahe dem Emek-Kino.

❷123 [J7] **Sugar Café,** Sakasalim Çıkmazı, Galatasaray/Beyoğlu, 11–23 Uhr. Hier kann man schon mal preisgünstig essen und auch tagsüber Gleichgesinnte treffen, bevor es dann in die oben genannten Lokalitäten auf „Nachtschicht" geht.

052ib Abb.: fk

SICHERHEIT

Zunächst einmal etwas Erfreuliches und keineswegs Selbstverständliches: Istanbul ist eine im Vergleich zu ähnlich großen Metropolen **relativ sichere Großstadt.** Trotzdem sollten neben den überall **üblichen Vorsichtsmaßnahmen** besonders folgende **Ratschläge** beherzigt werden:

Wer sein Geld, Handy oder andere Wertsachen in der **Umhängetasche** bzw. im **Rucksack** aufbewahrt, sollte im Gedränge – also in Bussen, Unterführungen, auf dem Bazar – seine Tasche vor sich tragen. Wertsachen gehören nicht in das leicht zu öffnende Außenfach der Umhängetasche. Immer wieder werden auch Einheimischen die hinteren Reißverschlüsse beim Gehen geöffnet und Sachen entwendet.

Als Tourist wird man **vor allem in Sultanahmet oft angesprochen.** Die Gründe sind durchaus vielfältig: Die einen wollen wirklich nur die Sprachkenntnisse testen und ein wenig plaudern. Die zweite Gruppe sucht den Kontakt, um den Touristen zu einem Teppichhändler zu schleppen oder sonst irgendetwas zu verkaufen. In absoluten Einzelfällen können auch Annäherungen dubioser Natur stattfinden. Wer das Gefühl hat, dass die Person nicht „koscher" ist, sollte Einladungen höflich, aber entschieden ablehnen.

Vorsicht beim Besuch **zweifelhafter Nachtklubs!** Insbesondere die „Müzikhol" genannten Bars im Stadtteil Laleli, wo meistens osteuropäische Damen ihre Dienste tun, präsentieren schnell astronomische Rechnungen!

SPRACHE

In Istanbul wird man immer jemanden finden, der **Deutsch** oder **Englisch** spricht. Dass einige türkische Wörter im Vokabular des Touristen anerkennend registriert werden, versteht sich von selbst (siehe „Kleine Sprachhilfe" im Anhang).

Wer sich etwas eingehender mit dem Türkischen befassen möchte, dem sei der Sprechführer „Türkisch – Wort für Wort" aus der Kauderwelsch-Reihe des REISE KNOW-HOW Verlags ans Herz gelegt.

STADTTOUREN

Wer nur für einen Wochenendtrip an den Bosporus kommt, kann vom Sultanahmet-Platz vor der Hagia Sophia eine **Tour auf dem Panoramadach des Doppeldeckerbusses** machen, die die wichtigsten touristischen Stadtteile umfasst.

❯ im Sommer stündlich, sonst 11/14/17 Uhr, ca. 15 €, Kinder 5–12 J. 8 €

Weitere Tourenangebote vermitteln insbesondere die Touristeninformationen (s. S. 113) und örtliche Reiseagenturen.

TELEFONIEREN

INTERNATIONALE VORWAHLNUMMERN

❯ Deutschland: 0049
❯ Österreich: 0043
❯ Schweiz: 0041
❯ Türkei: 0090

Bei internationalen Gesprächen entfällt sowohl in Europa wie auch in der Türkei die Null der Ortsvorwahl.

TELEFONIEREN IN ISTANBUL

Die Vorwahl für das **europäische Istanbul** ist **0212**, für den **asiatischen Teil** wähle man **0216**. Diese Vorwahl muss auch bei Gesprächen vom europäischen in den asiatischen Teil bzw. umgekehrt gewählt werden.

Für öffentliche **Telefonzellen** gibt es **Telefonkarten (Telefon kartı)** zu 30 (1,50 €), 60 (2,50 €) und 100 (4 €) Einheiten. Am günstigsten telefoniert man natürlich nachts und am Wochenende, wo eine Karte von 100 Einheiten für ein knapp zehnminütiges

Gespräch reicht (tagsüber an Werktagen ist es erheblich teurer). Die Telefonkarten können außer auf der Post auch an vielen Kiosken erworben werden.

Das **Handy** (türk. *Cep*) wird sich ohne Weiteres auf das türkische Mobilfunknetz umstellen. Wegen hoher Gebühren sollte man bei seinem Anbieter nachfragen, welcher **Roamingpartner** günstig ist und diesen per **manueller Netzauswahl** voreinstellen. Nicht zu vergessen sind die **passiven Kosten**, wenn man von zu Hause angerufen wird (Mailbox abstellen!). Der Anrufer zahlt nur die Gebühr ins heimische Mobilnetz, die teure Rufweiterleitung ins Ausland zahlt der Empfänger. Wesentlich preiswerter ist es, sich auf **SMS** zu beschränken.

UHRZEIT

In der Türkei gilt die **Osteuropäische Zeit (OEZ)**, d. h., gegenüber der Mitteleuropäischen Zeit (MEZ) besteht ganzjährig ein Unterschied von **plus einer Stunde,** da die Verschiebung von Sommer- zu Winterzeit und umgekehrt parallel zueinander verlaufen. Also Frankfurt 12 Uhr = Istanbul 13 Uhr.

UNTERKUNFT

Vor der Wahl des Domizils sollte man eine grundsätzliche Frage für sich geklärt haben: Nämlich wie der persönliche Schwerpunkt der Istanbul-Reise aussehen soll. Es ergeben sich hauptsächlich **zwei Alternativen:** Entweder man logiert im **historischen Zentrum Sultanahmet,** wo die wichtigsten Sehenswürdigkeiten wie auch die Bazare praktisch vor der

Hoteltür liegen, man aber abends einen relativ langen Weg zu den Hotspots des Nachtlebens hat. Oder man entscheidet sich für die nördlich des Goldenen Horns gelegene „Neustadt" Beyoğlu ⑱, das unwidersprochene Zentrum des pulsierenden Nachtlebens. Für die meisten Besucher, die zum ersten Mal nach Istanbul kommen, schlägt das Pendel verständlicherweise zugunsten Sultanahmets aus. Schließlich kommen die meisten ja nicht wegen der Bars und Discos, sondern wegen der kulturellen und historischen Sehenswürdigkeiten.

Alle großen und nahezu alle Mittelklassehotels bieten bei einer Buchung ab drei Tagen einen (kostenlosen) **Transfer von und zum Flughafen** an. Während der **Hochsaison** (Ferienzeiten) ist eine **Reservierung** zu empfehlen. Außerhalb der Saison – also besonders im Winter – sind **erhebliche Preisabschläge** die Regel (handeln und vergleichen).

Einige der im Folgenden aufgeführten Hotels kann man bequem und preiswert **online buchen,** u. a. bei:

❭ www.expedia.de
❭ www.venere.com
❭ www.istanbulhotels.com

PREISKATEGORIEN

Die nachfolgenden Preiskategorien können lediglich als Anhaltspunkte dienen, da Preise saisonal schwanken (DZ pro Nacht, Frühstück inkl.):

€	unter 50 €
€€	50–100 €
€€€	über 100 €

UNTERKUNFTSTIPPS

In Sultanahmet

🏨**124** [K13] **Aslan Hotel** €€, Akbiyik Cad. 75, www.hotelaslanistanbul.com, Tel. 0212 5178819. Das kleine ältere Haus hieß früher Apricot Hotel, was sicherlich seinem gelben Anstrich zuzuschreiben war. Gemütliche Atmosphäre. Am besten übers Internet zu buchen (reduzierte Preise).

🏨**125** [K13] **Four Seasons Hotel** €€€, Tevkifhane Sok. 1, Tel. 0212 6388200, Fax 6388210, www.fourseasons.com, ab 280 €. Stilvolles Luxushotel nahe Hagia Sophia und Hippodrom, darüber hinaus der wohl schönste „Knast" der Welt. Die Gäste hausen nämlich in einem 1917 erbauten neoklassizistischen Gefängnis, das in den 1990er-Jahren im historischen Stil prachtvoll renoviert und umgebaut wurde.

🏨**126** [J13] **Hotel Alzer** €€€, At Meydani 72, Tel. 0212 5166262, Fax 5160000, www.alzerhotel.com. Zentraler geht es nicht: Altstadthaus mit 21 Zimmern direkt am Hippodrom, von der Dachterrasse schöner Blick auf Sultan-Ahmet-Moschee und Hagia Sophia; im antikisierenden Stil eingerichtete Zimmer mit Holzdecken.

🏨**127** [J14] **Hotel Antique** €, Oğul Sok. 17, Tel. 0212 5160997. Preisgünstiges Hotel im restaurierten „Holzhäuserviertel". Einfache Zimmer, einige Räume mit kleinem Balkon, Dachterrasse mit schönem Ausblick.

🏨**128** [K12] **Kybele Hotel** €€€, Yerebatan Cad. 35, Tel. 0212 5117766, Fax 51343393, www.kybelehotel.com. In orientalischem Stil fantasievoll und bunt gestaltetes, fast schon überladen wirkendes Familienhotel mit viel Divan-Atmosphäre. Das „schnuckelige" grüne Haus steht seit Jahren bei Individualtouristen – wohl wegen seines Orientambientes und seiner freundlichen Familie – hoch im Kurs.

🏨**129** [K13] **Orient Hostel** €, Akbiyik Cad. 13, Tel. 0212 5179493, Fax 5183894, www.orienthostel.com. Typisches Haus für Backpacker aus Übersee. Dachterrasse, touristische Rundumversorgung.

🏨**130** [K12] **Ottoman Hotel** €€€, Caferiye Sok. 6/1, Tel. 0212 5136150, Fax 5127628, www.ottomanhotelimperial. com. Das Hotel liegt unmittelbar neben der Hagia Sophia in einer ruhigen Gasse und bietet – wie der Name nahelegt – ein ottomanisches, gediegenes Holz-Interieur in Lobby und Zimmer. Mit Garten und Terrasse, Restaurant und Bar.

🏨**131** [J13] **Paris Hotel & Hostel** €, Medresesi Sok. 9/11, Tel. 0212 5189820, Fax 5189918, www.istanbulparishostel. com. Recht beliebtes Traveller-Hostel mit freundlichem Empfangsraum. 40 einfache Zimmer mit Dusche (darunter auch Mehrbettzimmer, Bett 7 €), kleine Dachterrasse, kostenloser Internetzugang, Tee und Kaffee frei.

🏨**132** [J14] **Rose Hotel** €, Aksakal Sok. 20, Tel. 0212 5187206, Fax 5187205. Komplett renoviertes kleines Hotel mit 20 Zimmern in der Nähe der Kleinen Hagia Sophia.

🏨**133** [J13] **Saba Hotel** €€€, Şehit Mehmet Paşa Yokuşu 8, Tel. 0212 4580262, Fax 6382002, www.saba.com.tr. Fast am Hippodrom gelegenes Hotel mit herrlicher Frühstücksterrasse (wunderschöner Blick auf Hagia Sophia, Sultanahmet-Moschee und Marmarameer). Gediegene rustikale Einrichtung (die beiden Suites haben einen großen Balkon). Freundlicher, unaufdringlicher Service, Sauna und Jacuzzi.

🏨**134** [J13] **Stone Hotel** €€, Mehmet Paşa Yokuşu 34, Tel. 0212 6381554, Fax 5176330, www.stonehotelistanbul. com. Das schöne Hotel liegt direkt vor der Moschee Mehmet Sokullu Paşa, ein altes osmanisches Haus mit steinmauernumfasstem Frühstücksinnenhof, Zimmer teilweise mit Whirlpool und WLAN,

Klimaanlage. Dachterrasse mit tollem Blick über das Marmarameer, freundliches Management.

🏨**135** [K13] **Sultanahmet Sarayı** €€€, Torun Sok. 19, Tel. 0212 4580460, Fax 5186224, www.sultanahmetpalace. com. Stilvoll dekoriertes Haus direkt gegenüber dem Mosaikenmuseum. Jeder der 36 Räume und Suiten besitzt ein türkisches Bad. Schöner Garten. Das Restaurant mit schöner Aussicht bietet eine türkisch-ottomanische Küche.

🏨**136** [K13] **Taskonak Hotel** €€, Tomurcuk Sok. 5, www.tashkonak.com, Tel. 0212 5182882, Fax 6388491. Ein unter „Special Hotel" firmierendes renoviertes Holzhaus mit stilvoll gediegener Zimmereinrichtung, eigenem Internetcafé (für Gäste kostenlose E-Mail-Verwaltung) und schöner Dachterrasse.

🏨**137** [J13] **Tulip House Hotel** €€, Katipp Sinan Cami Sok. 28, Tel. 0212 4588403, Fax 4589416, www.hoteltuliphouse. com. Neues Hotel unterhalb der Moschee Mehmet Sokullu Paşa, kleiner Frühstücksgarten, funktional-gediegene Zimmer, etwas abseits vom touristischen Zentrum in ruhiger Lage.

In Sirkeci (nahe Eminönü)

🏨**138** [K11] **Eris Hotel** €, Istasyon Arkası Sok. 9, Tel. 0212 5113670, Fax 5115906, www.hoteleris.com. 44 funktional eingerichtete Zimmer (in den oberen Etagen sehr hell, 12 davon mit Blick auf den Bosporus), schönes Terrassenrestaurant mit Blick zum Bosporus. Der einzige Haken an diesem preisgünstigen Hotel: Der Blick geht auch über die wenig schönen Gleisanlagen des benachbarten Sirkeci-Bahnhofs.

▶ *Fin-de-siècle-Atmosphäre in der Lobby des berühmten Grand Hotel de Londres*

🏨**139** [K11] **Hatay Hotel** €€, Serdar Sok 5/7, Tel. 0212 5279600, Fax 5270407, www.hatayhotels.com. Das ehemalige Hostel zwischen Bahnhof Sirkeci und Gülhane hat nach einer Renovierung an Komfort zugelegt und bildet mit dem gegenüberliegenden **Hotel Antiochia** eine Einheit. Zimmer mit Klimaanlage und TV.

🏨**140** [K11] **Hotel Yaşmak Sultan** €€€, Ebusuud Cad. 18, Tel. 0212 5281343, Fax 5281348, www.hotelyasmaksultan.com. Schönes 4-Sterne-Hotel mit Sauna und Fitnesscenter, Mix aus modernem und ottomanischem Interieur.

In Beyoğlu/Karaköy

🏨**141** [J7] **Chill Out Hostel** €, Balyoz Sok. 3, Tel. 0212 2494784, www.chillouthc.com. Zurzeit ist dies das einzige Hostel in Beyoğlu. Vorwiegend junge Leute; einfache Zimmer, der Manager spricht perfekt Deutsch.

🏨**142** [J7] **Grand Hotel de Londres (Büyük Londra Oteli)** €€, Meşrutiyet Cad. 53, Tel. 0212 2450670, Fax 2491025, www.

londrahotel.net. Einst ebenso glamourös wie seine Gäste, die dem Orient-Express entstiegen, bietet die zugegeben heute etwas verstaubte und abgewohnte koloniale Herrlichkeit dieses Hauses auch „Kleinverdienern" die Möglichkeit, in einer vergangenen Zeit zu nächtigen. Nostalgiker ohne große Ansprüche werden die gemütliche Entrücktheit des Hauses schätzen.

🏨**143** [J7] **Grand Hisar Hotel** €€, Kalyoncu Kulluk Cad. (nahe Fischmarkt und Nevizade Sok.), Tel. 0212 2928052, Fax 2928044, www.hisarhotel.com. Gutes 3-Sterne-Hotel mit 30 Zimmern. Sehr sauber, zweckmäßig eingerichtete Räume mit Minibar, Satelliten-TV, Klimaanlage und kleinem Balkon.

🏨**144** [J7] **Silviya** €, Asmali Mescit Sok. 24/A, Tel. 0212 2927749, Fax 2436115. Relativ große, saubere Räume mit TV, Tel., Bad. Zu diesem Preis empfehlenswert, zumal das Hotel im etwas ruhigeren und malerischen Teil von Beyoğlu liegt (nahe Tünel).

053ib Abb.: fk

🏠**145** [L6] **Triada Residence Apart Hotel** €€€, Meselik Sok. 4, Tel. 0212 2510101, Fax 2926363, www.triada.com.tr. Das von einem griechischen Architekten vor rund 100 Jahren erbaute schöne Haus wurde 2000 liebevoll restauriert und renoviert. Es liegt nahe dem Taksim-Platz und unmittelbar gegenüber der namensgebenden Agia-Triada-Kirche. Eine helle, farblich freundliche Lobby, geschmackvoll und modern eingerichtete, 50 m² große Apartments (mit Küche), eine Sauna und eine hübsche Dachterrasse machen dieses Haus zu einer empfehlenswerten Adresse.

In Kadıköy

🏠**146** [S16] **Kent Hotel** €€, Serasker Cad. 8, Tel. 0216 3362453, Fax 4491639. Wer auf asiatischer Seite übernachten möchte (oder in der Nacht vom asiatischen Flughafen Sabiha Gökçen kommt): Das renovierte fünfstöckige 3-Sterne-Hotel mitten im quirligen Marktzentrum verfügt über eine recht gemütliche Inneneinrichtung und geräumige Zimmer mit kleiner Dusche, Klimaanlage und TV.

VERHALTENSTIPPS

Der Besucher sollte sich grundsätzlich vor Augen halten, dass die Stadt – grob gesprochen – **zwei verschiedene Gesichter** hat: ein **modernes** und ein **konservatives**. Wer im westlich geprägten Stadtteil Beyoğlu 🔞 wohnt, wird in Kleidung und Verhalten kaum einen Unterschied zu Mitteleuropa bemerken. Doch dieses Ambiente zu generalisieren wäre ebenso falsch, wie nach einem Besuch der konservativen Stadtteile Fatih und Fener das traditionelle Bild zu überschätzen. Allgemein kann man sagen, dass die touristisch relevanten Stadtteile eher der modernen Kulturidentität zuneigen.

In konservativen Gegenden, wo das Denken und Alltagsleben noch sehr von den Regeln des Islam bestimmt werden, vermeide man jede **respektlose Äußerung** über religiöse Sitten und Gebräuche. Das Quittieren des Gebetsrufs mit einem belustigten Mienenspiel ist ebenso verfehlt wie der öffentliche Austausch von Zärtlichkeiten bei Paaren. Dies beinhaltet auch die entsprechende **Kleidung beim Besuch von Moscheen:** Männer sollten auf kurze Hosen und ärmellose T-Shirts verzichten, Frauen tun gut daran, knielange Röcke zu tragen sowie ihr Haar mit einem Kopftuch zu bedecken.

ALLEINREISENDE FRAUEN

Westliche Frauen, die allein oder auch zu zweit durch Istanbul schlendern, können sicher sein, dass sie von der geballten Männerwelt aufmerksam **beobachtet und taxiert** werden. Es bedarf einer großen Portion Selbstvertrauen und Selbstsicherheit, dieser ewigen Fixierung gelassen und souverän zu begegnen. Angst braucht frau aber keineswegs zu haben, so sie die folgenden Tipps beherzigt:
> **Vermeiden Sie „zweideutige" Situationen,** z. B. das Alleinsein mit einem fremden Mann in einem Raum oder an

uneinsichtigen bzw. dunklen Ecken. Er könnte Sie missverstehen und diesen Beweis von „Vertrauen" ganz anders auslegen.

❭ **Begegnen Sie Männern prinzipiell distanziert,** d. h. selbstsicher und undurchdringlich. Schauen Sie beim unumgänglichen Kontakt durch diese „hindurch" oder tragen Sie eine Sonnenbrille. In konservativen Gegenden sollte zudem eine defensive Kleidung selbstverständlich sein (Kopftuch nicht vergessen).

❭ **Bei Problemen** jedweder Art (z. B. Orientierung) **wende man sich an andere Frauen.** Sie werden Sie sofort und bereitwillig unterstützen.

❭ **Vermeiden Sie nachts einsame Straßen und Gassen.** Taxis kosten nicht die Welt in Istanbul.

❭ Sollte man – aus welchem Grunde auch immer – das subjektive Gefühl haben, eine Situation oder Umgebung nicht mehr zu kontrollieren, so verlasse man sie umgehend.

VERKEHRSMITTEL

Istanbul verfügt nicht wie z. B. Paris über ein einheitliches, flächendeckendes Verkehrssystem. Vielmehr müssen Besucher sich auf die **Kombination mehrerer Verkehrsmittel** – Busse, Dolmuş (Kleinbusse), Vorortbahn, Metro, Straßenbahn (Tramvay) sowie Schiffslinien – einstellen. Das scheint nur auf den ersten Blick schwierig, ja chaotisch zu sein, erweist sich aber, sind die ersten Schritte erst einmal getan, als relativ unkompliziert.

Etwas Grundsätzliches vorweg: Auf einer Linie kann man für den gleichen Preis so weit fahren, wie man will. Steigt man aber aus bzw. **wechselt man** die Linie, so ist immer, egal ob bei Schiff, Bus oder Metro, **erneut** zu **bezahlen.**

METRO

Die Metro umfasst zurzeit **zwei Linien:** Die für den Touristen bedeutendere ist die Linie, die von 6 bis 24 Uhr zwischen dem **internationalen Flughafen Atatürk** und dem Stadtteil Aksaray pendelt. Jede Fahrt kostet ca. 80 Cent. Vor den Bahnsteigen gibt es Fahrkartenautomaten („Jetonmatik"), an denen die Fahrkarte („Bilet") in Form eines Jetons gelöst werden kann. Diesen **Jeton** (eine rote Plastikmünze) wirft man vor Betreten des Bahnsteigs in die Sperre, die man dann passieren kann. Eine zweite Metrolinie verkehrt zwischen Taksim und den nördlichen Stadtteilen Şişli und Levent.

❭ **Info:** www.istanbul-ulasim.com.tr

055ib Abb.: fk

▶ *Die historische Straßenbahn auf der Istiklal Caddesi* ⓲

◀ *Im westlich geprägten Stadtteil Beyoğlu trifft man auch moderne junge Frauen*

STRASSENBAHN (TRAMVAY)

Die Straßenbahn, die zwischen 6 und 23.30 Uhr von Zeytinburnu über Aksaray und Sultanahmet nach Sirkeci und über die Brücke nach Kabataş verkehrt und damit eine **touristisch wichtige Strecke** abdeckt, hat den gleichen Preis und die gleichen Jetons wie die Metro. Auch hier stehen an jeder Haltestelle Fahrkartenautomaten.

Eine zweite, **nostalgische Straßenbahn (Eski Tramvay)** verkehrt (im Schritttempo) auf der Istiklal Caddesi ⓲ zwischen Tünel und Taksim (25 Cent), eine dritte in Kadıköy ㉞ zwischen der Anlegestelle und dem Ortsteil Moda.

TÜNEL-BAHN (STANDSEILBAHN)

Die Tünel-Bahn, eine unterirdische, nur 615 m lange **Standseilbahn**, bewältigt zwischen 7 und 21 Uhr (ca. alle 15 Min.) in etwas mehr als einer Minute den beschwerlichen Aufstieg **von Karaköy nach Beyoğlu** ⓳ (80 Cent).

Eine zweite, ebenfalls recht kurze, aber moderne Standseilbahn verbindet seit wenigen Jahren den **Taksim-Platz** [L6] mit der Endstation der Straßenbahn in **Kabataş** (ca. 6–24 Uhr, 80 Cent).

VORORTZÜGE

Das Jeton-Verfahren (gleiche Preislage, aber andere Münzen) wird auch bei den Vorortzügen (*Banliyö Tren,* 6–24 Uhr) benutzt. Auf **europäischer**

Seite verkehren diese Stadtzüge zwischen dem Bahnhof Sirkeci und den westlich gelegenen Vororten Ataköy und Florya, wobei touristisch vor allem die Haltepunkte Yedikule und Kumkapı von Bedeutung sind. Auf der **asiatischen Seite** fahren die Vorortzüge vom Bahnhof Haydarpaşa in die südöstlichen Stadtteile Bostancı, Kartal und Gebze.

FÄHREN

Zwischen dem europäischen und asiatischen Teil verkehren in ca. halbstündigem Abstand Fähren (*Vapur*). Ein Jeton kostet wiederum rund 80 Cent, wobei auch hier der genaue Preis in Türkischer Lira am Schalter angegeben ist.

Es gibt **mehrere Betreiber:** Neben den großen Fähren der Turkish Maritime Lines (Türkiye Denizcilik Isletmeleri, TDI, www.tdi.com.tr) fahren auch Seebusse (Deniz Otobüsleri) und Katamarane, für die andere Fahrscheine (*Billets*) und Preisstufen gelten.

Fährlinien

Die **wichtigsten Hauptfährlinien** sind (Zeitangaben sind Richtlinien, die vor Ort an der Anlegestelle (Iskele) zu überprüfen sind, Jeton pro Strecke 80 Cent):

❯ **Eminönü – Üsküdar** (6.30–22.30 Uhr, alle 20 Min.)
❯ **Eminönü – Harem** (Passagier- und Autofähre, 7–21.30 Uhr, halbstündlich)
❯ **Eminönü – Kadıköy** (7.30–20 Uhr, viertelstündlich)
❯ **Karaköy – Haydarpaşa – Kadıköy** (6.30– 23 Uhr, mindestens einmal halbstündlich)
❯ **Beşiktaş – Üsküdar** (7–22 Uhr, halbstündlich)
❯ **Beşiktaş – Kadıköy** (7.15–20.15 Uhr, halbstündlich)

▶ *Die berühmten Istanbuler Fähren verbinden die Istanbuler Stadtteile*

> **Kabataş – Kadıköy** (nur morgens 7–10 und abends 17–20 Uhr halbstündlich)

Neben diesen Hauptlinien verkehren mehrere **Nebenlinien.** Die touristisch wichtigsten unter ihnen sind:

> **Üsküdar – Eminönü – Eyüp:** Fahrt entlang dem Goldenen Horn, stoppt in Kasimpaşa, Fener, Hasköy, Ayvansaray, Sütlüce und Eyüp. Abfahrt von Eminönü zwischen 7.45 und 16.45 Uhr jede Stunde (So erst ab 10.45 Uhr), Rückfahrt von Eyüp zwischen 7.30 und 16.30 Uhr jede volle Stunde, danach noch zwischen 17.45 und 19.45 Uhr jede Stunde, pro Fahrt ca. 70 Cent.

> **Bosporus-Fahrt ("Boğaz Hattı") von Eminönü nach Anadolu Kavağı** mit Zwischenstopps in Beşiktaş, Kanlıca, Yeniköy, Sarıyer und Rumeli Kavağı: die finanziell günstigste Version der beliebten Bosporus-Fahrt. 2 x tägl. 10.35 und 13.35 Uhr von Eminönü, Rückfahrt 15 und 17 Uhr von Anadolu Kavağı, einfache Strecke ca. 7,50 €, hin und zurück 12,50 €, Dauer pro Fahrt ca. 1,5 Stunden. Im Winter (Nov. bis April) nur 1 x

tägl. 10.35 Uhr hin und 15 Uhr zurück. Auf der (auch englischsprachigen) Website der Istanbuler Linienschiffe, **www.ido.com.tr**, können alle Fahrpreise und -pläne eingesehen werden.

> Von Kabataş zu den **Prinzeninseln** ⑩: tägl. 7, 9, 10.30, 12, 14, 16.30, 18.15, 19.40 Uhr, zurück von der zuletzt angelaufenen Insel Büyük Ada 6.15, 7, 8.25, 10, 12.30, 15.15, 17.30, 18.25, 19.30 Uhr, Fahrtdauer ca. 1,5 Stunden, einfache Strecke ca. 2 €

STADTBUSSE

Mit dem Bus kann man jeden Winkel der Stadt erreichen. Das **Streckennetz** erscheint aber auf den ersten Blick etwas **unüberschaubar** zu sein, zumal es keinen Übersichtsplan gibt. Als erste Orientierungspunkte können die touristisch wichtigen **Busbahnhöfe von Eminönü und Taksim** dienen, viele Linien fahren einen dieser beiden Punkte als Endstation an. In Stadtbussen bezahlt man nicht mit Jetons, sondern bar.

DOLMUŞ

Ergänzt wird das Bussystem durch das in der Türkei weitverbreitete Dolmuş-Netz. Das Dolmuş (= voll, besetzt) ist ein **Sammeltaxi bzw. Kleinbus,** das ebenso wie der Linienbus auf **festgelegten Routen** verkehrt, aber erst dann abfährt, wenn es – wie der Name schon sagt – voll besetzt ist.

TAXIS

Bleibt am Schluss noch das gelbe Taxi *(Taksi),* das man praktisch an jeder Ecke finden oder heranwinken kann. Die Wagen verfügen über **Taxameter.** Vor allem **bei mehreren Personen** stellt das Taxi eine durchaus **preiswerte Alternative** dar. So kostet z. B. eine Fahrt zwischen den beiden wichtigsten Touristenzentren Taksim und Sultanahmet nur ca. 3 bis 5 €.

WETTER UND REISEZEIT

Die **beste Reisezeit** für den Bosporus sind **Frühling** (April bis Juni) und **Herbst** (September/Oktober). Im **Sommer** (Juli/August) kann die Stadt sehr schweißtreibend werden, auch wenn meist vom Meer ein Wind für wenigstens etwas Abkühlung sorgt. Im **Winter** wirkt Istanbul zwar in der Regel grau und trist, dafür sind die Hotelpreise niedrig – eine günstige Option für Besucher, die vor allen Dingen Moscheen und Museen besuchen wollen.

Generell gilt, dass die **europäischen Ferienzeiten** (Oster-, Sommer- und Herbstferien) als touristische **Hochsaison** entsprechende Preise bei Unterkunft und Flug nach sich ziehen. Wer die Möglichkeit hat, sollte also einen Besuch in diesen Zeiträumen vermeiden.

ANHANG

KLEINE SPRACHHILFE

Die Sprachhilfe ist dem Kauder-
welsch-Band „Türkisch – Wort für
Wort" aus dem REISE KNOW-HOW Verlag entnommen.

AUSSPRACHE

Hier sind diejenigen Laute aufgeführt,
deren Aussprache abweichend vom
Deutschen ist bzw. sein kann.

c	stimmhaftes „dsch" wie in „**Dsch**ungel"
ç	„tsch" wie in „tschüss"
e	kurzes „e" wie in „essen"
ğ	manchmal nur als Verlängerung der Vokale a, ı, o, u hörbar nach e, i, ö, ü ein ganz schwaches deutsches „j" wie in „**J**unge"
h	zwischen zwei Vokalen wie deutsches „h" in „**H**aus" vor Konsonanten und am Wortende raues „ch" wie in „Ba**ch**"
ı	zwischen „i" wie in „ich" und auslautendem „e" in „End**e**"
j	französisches „j" wie in „**J**ournal" oder wie das zweite „g" in „Gara**g**e"
r	sehr weiches Zungenspitzen „r"
s	stimmloses (scharfes) „s" wie in „Ku**ss**"
ş	„sch" wie in „**Sch**ule"
v	wie das deutsche „w" in „**W**asser"
av	vor einem Konsonanten ungefähr wie das deutsche „au" in „**Mau**s"
y	wie deutsches „j" in „**j**a"
z	stimmhaftes (weiches) „s" wie in „**S**aft"

DIE WICHTIGSTEN FLOSKELN UND REDEWENDUNGEN

ja	*evet*
nein	*hayır*
bitte (Aufforderung, Bitte)	*lütfen*
natürlich	*tabii*
keine Ursache	*bir şey değil*
danke (informell)	*sağ ol*
danke (bei Anrede mit Sie)	*sağ ol-un*
danke (sehr höflich)	*sağ ol-unuz*
Ich danke.	*teşekkür ed-er-im*
Danke gleichfalls!	*teşekkür ed-er-im, siz de*
Guten Morgen!	*gün aydın!*
Guten Tag!	*iyi gün-ler!*
Guten Abend!	*iyi akşam-lar!*
Herzlich willkommen! („Sie-Form")	*hoş gel-di-n (iz)*
Wie geht es Ihnen?	*nasıl-sınız?*
Leider schlecht.	*maalesef, iyi değil-im*
Danke gut.	*sağ olunuz, iyi-yim.*
Auf Wiedersehen!	
(Gehender)	*allaha ısmarladık!*
(Bleibender)	*güle güle!*
Hallo!	*merhaba!*
Tschüss!	*eyvallah!*
In Ordnung!	*tamam!*
Einverstanden!	*kabul!*
Achtung! Vorsicht!	*dikkat (et)!*
Ich weiß nicht.	*bil-m-iyor-um.*
Guten Appetit!	*afiyet ol-sun!*
Zum Wohl! Prost!	*şerefe*
Die Rechnung bitte!	*hesap, lütfen!*
Entschuldigen Sie!	*affed-er-siniz!*
Ich bitte um Verzeihung.	*özür dil-er-im.*

ZAHLEN

1	*bir*
2	*iki*
3	*üç*
4	*dört*
5	*beş*
6	*altı*
7	*yedi*
8	*sekiz*
9	*dokuz*
10	*on*
11	*on bir*
12	*on iki*

13	*on üç*	*ileride*	vorne
14	*on dört*	*ileriye*	nach vorne
15	*on beş*	*geride*	hinten
16	*on altı*	*geriye*	nach hinten
17	*on yedi*		
18	*on sekiz*		
19	*on dokuz*		

FRAGEWÖRTER

20	*yirmi*	*nerede?*	wo?
21	*yirmi bir*	*nereden?*	woher?
22	*yirmi iki*	*nereye?*	wohin?
23	*yirmi üç*	*neden?*	warum?
30	*otuz*	*nasıl?*	wie?
40	*kırk*	*kimin?*	wessen?
50	*elli*	*ne?* was?	
60	*altmış*	*hangi?*	welche(r, -s)?
70	*yetmiş*	*kim?*wer?	
80	*seksen*	*kimi?*	wen?
90	*doksan*	*ne kadar?*	wie viel?
100	*yüz*	*ne zaman?*	wann?
200	*iki yüz*	*kaç zaman-dan*	seit wann?
300	*üç yüz*	*beri?*	
1000	*bin*		
2000	*iki bin*		
3000	*üç bin*		

ZEITANGABEN

10.000	*on bin*	*dün*	gestern
100.000	*yüz bin*	*bugün*	heute
1.000.000	*bir milyon*	*yarın*	morgen
		öbürgün	übermorgen

RICHTUNGSANGABEN

		sabahleyin	morgens
		öğleyin	mittags
sağ	rechts	*öğle-den sonra*	nachmittags
sağa	nach rechts	*(-den/-dan)*	vor (zeitl.)
sol	links	*(-den/-dan)*	nach (zeitl.)
sola	nach links	*hiç bir zaman*	nie
(dos) doşru	geradeaus	*sık sık*	oft
geri	zurück	*hemen*	sofort
karşı-nda	gegenüber	*akşamleyin*	abends
hep devam	immer weiter	*geceleyin*	nachts
uzak	weit	*her gün*	täglich
yakın	nah	*önce*	früher
yol kesimi	Kreuzung	*sonra*	später
trafik lambası	Ampel	*şimdi*	jetzt
şehirin	außerhalb	*yakında*	bald
merkez dışarıda	Zentrum der Stadt	*ondan önce*	davor
tam burada	gleich hier	*ondan sonra*	danach
burada	hier	*seyrek*	selten
orada	dort	*hep, her zaman*	immer

GLOSSAR

❯ **Apsis:** Meist halbrunde Altarnische als Abschluss des Kirchenraums.

❯ **Basrelief** (frz.): Flachrelief.

❯ **Bay:** „Herr". Respektvolle Bezeichnung eines (fremden) Mannes, die sich als Anrede vor dem Namen findet, z.B. Bay Selim = Herr Selim. Das Wort wird außerdem häufig neben *Erkek* (ebenfalls: „Mann") für die Identifizierung der männlichen Toilette benutzt.

❯ **Bayan:** „Frau, Dame". Diese allgemeine respektvolle Bezeichnung für (eine fremde) Frau wird vor dem Namen auch als Anrede benutzt, z.B. *Bayan Ayşe* = Frau Aische. Das Wort verweist auch (neben *Kadın* – ebenfalls „Frau") auf die weiblichen Toilettenräume.

❯ **Bedesten** (türk.): Überdachter Markt, Markthalle.

❯ **Camii** (arab.-türk.): Moschee. Im Gegensatz zu *Mescit* die Moschee, in der das wichtige Freitagsgebet *(Cuma Namazı)* abgehalten wird.

❯ **Derwisch:** Mitglied eines islamischen Ordens.

❯ **Divan:** Osmanischer Staats- und Ministerrat unter Leitung des Großwesirs.

❯ **Dolmuş:** Kleinbus (manchmal auch lizenzierter Pkw) im Regional- oder Stadtverkehr, der immer eine bestimmte Strecke abfährt, wo man überall zu- oder aussteigen kann.

❯ **Geçekondu:** „Über Nacht erbaut". Nach einem alten überlieferten islamischen Grundsatz darf niemandem sein über Nacht gebautes Dach über dem Kopf wieder weggenommen werden. Die an den Peripherien der großen türkischen Städte auf öffentlichem Land entstandenen Geçekondu-Siedlungen (Barackensiedlungen) haben keine Rechtsbasis in der modernen Türkei, sind also eigentlich illegal. In der Praxis werden sie aber auf Grund des obigen Grundsatzes von den Behörden meist geduldet und später anerkannt. Die Geçekondu haben die Einwohnerzahl der Großstädte im Zuge der Landflucht beträchtlich steigen lassen.

❯ **Hamam:** Türkisches Bad.

❯ **Han** (türk.): Herberge für Händler, außerhalb der Städte entlang der Handelsstraßen auch als *Karawanserei* bezeichnet.

❯ **Harem** (arab.-türk.): Bezeichnet a) den den Frauen vorbehaltenen Bereich des traditionellen türkischen Hauses *(Haremlik, Selâmlık)* und b) die dort lebende(n) Ehefrau(en).

❯ **Haremlik:** Die Frauengemächer (der geschützte Innenbereich) eines traditionellen osmanischen Hauses, im Gegensatz zu *Selâmlık.*

❯ **Ikonoklasmus:** Bilderfeindlichkeit; im 8./9. Jh. in Byzanz die Phase des Bilderstreits, als man Personendarstellungen in Kirchen ablehnte (Gegensatz: Ikonodulismus).

❯ **Janitscharen** (türk: *Yeni Çeri*): Osmanische Elitetruppe, die anfänglich großenteils aus zwangsrekrutierten Christenknaben bestand, die in frühem Alter von ihren Familien getrennt und auf den Sultan eingeschworen wurden.

❯ **Kalif** (arab. *Kalifa*): „Stellvertreter". Der Kalif ist der universale politische wie religiöse Stellvertreter des Propheten Mohammed. Die weltliche wie religiöse Doppelfunktion erfuhr auf der politischen Ebene eine schleichende Auszehrung, bis das Amt fast nur noch seine religiöse Bedeutung hatte. Die osmanischen Sultane besaßen seit 1517 die Kalifenwürde (Kalifat), die 1924 von Kemal Atatürk durch Ausweisung des letzten Kalifen beseitigt wurde.

❯ **Kapitell:** „Köpfchen"; der obere Abschluss einer Säule bzw. eines Pfeilers.

❯ **Kibla** (arab.): Die Ausrichtung der Gebetsrichtung gen Mekka. In jeder Moschee wird sie durch die Platzierung der *Mihrab* angezeigt, in deren Richtung sich die Betenden verneigen.

> **Külliye:** Als Külliye bezeichnet man den Stiftungskomplex einer Moschee, zu dem neben dem Gotteshaus auch Armenküche, Hospital, Hamam sowie Koranschule gehören.

> **Medrese:** Zu osmanischer Zeit theologische Lehranstalt für die Ausbildung islamischer Geistlicher und Richter.

> **Mescit** (arab.-türk.): In der Türkei diejenigen, meist kleineren Moscheen, die im Gegensatz zur *Cami* nicht das wichtige Freitagsgebet abhalten können.

> **Mihrab:** Die in jeder Moschee enthaltene, oft kunstvoll stuckierte Gebetsnische, die die Gebetsrichtung *(Kibla)* nach Mekka anzeigt.

> **Minarett** (arab.): Der schlanke Gebetsturm einer Moschee, ursprünglich zum Ausrufen des Gebets durch den Muezzin bestimmt (heute i. d. R. über Lautsprecher).

> **Minbar** (arab.): Die meist in den großen Moscheen *(Cami)* neben dem *Mihrab* angebrachte Gebetskanzel, die dem Imam für das Abhalten der Freitagspredigt *(Hutbe)* dient.

> **Muezzin** (arab., türk. *Müezzin*): Gebetsrufer (heute fast immer über Lautsprecher verstärkt), in der Türkei vom Staat besoldet.

> **Mukarnas:** Stalaktitenförmiges Dekor in der islamischen Architektur; oft bei Moscheetoren oder auch am *Mihrab* zu sehen.

> **Nargile:** Türkische Wasserpfeife.

> **Narthex** (griech.): Vorhalle einer Kirche; es gibt den Exonarthex (äußere) und den Esonarthex (innere Vorhalle), sie sind dem Hauptschiff meist quer vorgelagert.

> **Pantokrator** (griech.): Allherrscher, Darstellung von Jesus Christus.

> **Parekklesion** (griech.): Grabkapelle.

> **Pendentif:** Architektonisch: Zwickel – der obere, in dreieckiger Form zulaufende Teil der die Kuppel tragenden Säulen. Sphärisches Dreieck, das von einem eckigen Raum zur Rundung überleitet.

> **Retabel:** Mit dem Altar verbundene, künstlerisch ausgestaltete Rückwand der Kirche.

> **Şadırvan:** Der Moscheebrunnen, an dem vor dem Gebet die rituellen Waschungen *(Aptes)* vorgenommen werden.

> **Selâmlık:** Die Herrenräume (im weiteren Sinne der Außenbereich, die männlichen Besuchsräume) eines traditionellen Hauses.

> **Sultan** (arab.): Islamischer Herrschertitel, der sich – im Unterschied zu *Kalifa* – nur auf die weltliche Herrschaft bezieht. Die osmanischen Sultane hatten seit 1517 zugleich die Kalifatsautorität inne.

> **Türbe:** Mausoleum eines Sultans oder eines anderen hohen islamischen Würdenträgers.

> **Valide:** Mutter des regierenden Sultans.

> **Yalı:** Die historischen, aus Holz erbauten Sommervillen der Oberschicht am Bosporus.

REGISTER

LEGENDE DER KARTENEINTRÄGE

Hier nicht aufgeführte **Nummern** liegen außerhalb der abgebildeten Karten. Ihre Lage kann aber wie bei allen im Buch vorkommenden Ortsmarken mithilfe des Internet-Kartenservice Google Maps™ lokalisiert werden (s. Umschlagklappe).
Die GPS-Daten aller im Buch beschriebenen Örtlichkeiten stehen außerdem auf der Produktseite dieses CityTrip-Titels unter www.reise-know-how.de zum kostenlosen Download bereit.

ZEICHENERKLÄRUNG

⑪	Hauptsehenswürdigkeit
✚ ✚	Arzt, Apotheke, Krankenhaus
✈	Bahnhof
❼	Bar, Bistro, Klub, Treffpunkt
☺	Café, Teegarten
☻	Fischrestaurant
🎨	Galerie
🛍	Geschäft, Kaufhaus, Markt
🏨	Hotel, Unterkunft
❶	Informationsstelle
🛏	Jugendherberge, Hostel
⛪	Kirche
☺	Kneipe, Pub
☪	Moschee
🏛	Museum
♫	Musikszene, Disco
🅿	Parkplatz
➷	Polizei
✉	Post
⑪	Restaurant
★	Sehenswertes
🆂	Sport, Wellness
—●—	Tramvay (Straßenbahn)
✡	Synagoge
Ⓜ	Metro (U-Bahn)
☺🎭	Theater
❷	Vegetarisches Lokal
❷	Weinlokal

Bosporus

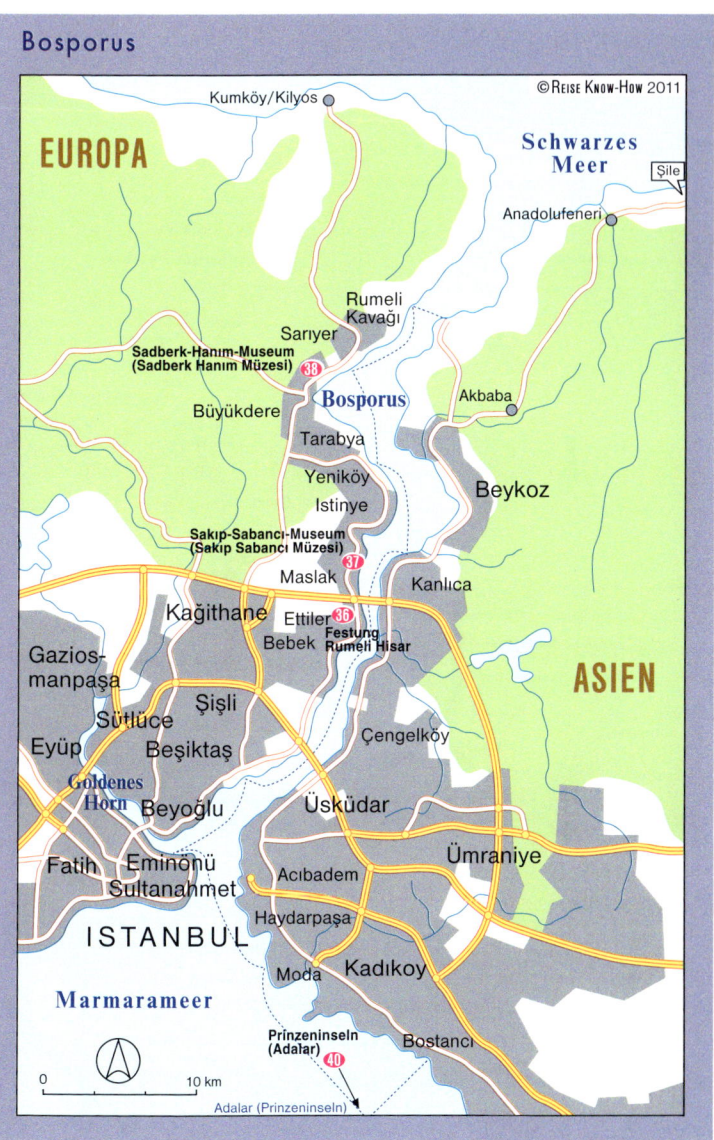

© REISE KNOW-HOW 2011

EUROPA

Schwarzes Meer

Şile

Kumköy/Kilyos

Anadolufeneri

Rumeli Kavağı

Sarıyer

Sadberk-Hanım-Museum
(Sadberk Hanım Müzesi) **38**

Bosporus

Akbaba

Büyükdere

Tarabya

Yeniköy

Istinye

Beykoz

Sakıp-Sabancı-Museum
(Sakıp Sabancı Müzesi) **37**

Maslak

Kanlıca

Kağithane

Ettiler **36**

Bebek   Festung
Rumeli Hisar

Gazios-
manpaşa

ASIEN

Şişli

Sütlüce

Çengelköy

Eyüp

Beşiktaş

**Goldenes
Horn**

Beyoğlu

Üsküdar

Ümraniye

Fatih   Eminönü
Sultanahmet

Acıbadem

Haydarpaşa

ISTANBUL

Moda   **Kadıköy**

Marmarameer

Prinzeninseln
(Adalar) **40**

Bostancı

0   10 km

Adalar (Prinzeninseln)